悪魔は
そこにいる！

カウンセラー
Rin

サンマーク出版

今日も
どこかで、
誰かが、

ブラックな
人間に
やられている！

ブラックさんは巧妙に仕掛けてくる

職場の明るい雰囲気。

カナさんが嬉しそうな表情。

「お、なにか良いことでもあった？」

職場の同僚がカナさんに聞いた。

「じつはね、さっきのミーティングの直後に先輩から〝君のプレゼンと企画、すごくよかった！　今度くわしく話を聞かせてほしい〟って言われたの！」

ブラックさんが近づいてくる。陰鬱な表情だ。

「ああ、それねー。まあ、あの先輩、プレゼンの後は**誰にでもそんなふうに言ってる**

からねー。ボクも言われたことあるよ」

晴れ晴れしていたカナさんの心に、暗いモヤがかかる。

「え……そうなんですか……」

ぬか喜びだったとわかり、ショックを受けるカナさん。

ブラックさんは慰めるように優しく言う。

「まあ、先輩の悪口になっちゃうからあんまり言いたくはないんだけど……**何でもかんでも真に受けないほうがいいかもね。**カナさんってほんとに頑張り屋なのを、**ボクは知ってるからさ。あとであなたが傷ついてほしくなくてね……」**

「はあ……」

折角の良い気分が、なんだかモヤモヤした気持ちになってしまった……。

ブラックさんの心の声

あいつのガッカリした顔、おもしろかった〜。
俺より目立つなよ、若手のくせに！

あの人と話すと、
なぜか気分が楽しくなくなる……
なぜか自己肯定感が下がってしまう……
そう感じるときは、
悪魔の巧妙な罠にハマっているかも……

“ブラックさんはイヤな気持ちにさせる天才”

ブラックさんが、共通して使う言葉がある。

あるときはこんな感じで。


「いまの彼氏、めちゃくちゃ優しくて、いま幸せなんだよねー」

「へー、良かったじゃん。まあ、**前の彼氏のときもあんた『いま幸せ』ってよく言ってたよねぇー。**そのあと浮気されて、めちゃくちゃ泣いてたけど（笑）」

「ま、まあ、そうだけどさ……」

「**あのときも**突然泣きながら電話かけてきたから、こっちはびっくりしたんだってーーー。男はみんな、初めは優しいからねぇー」

相手が喜んでいるときには、ツラい思い出などの「**暗い過去**」を引っ張り出して、「いま」の気分を下げてくる。また、こんな言葉もよく使う。

「自慢っぽくなっちゃうけど聞いてくれる？　この前ついに彼氏が、私とずっと一緒に、そばに居たいって言ってくれたのよ！」

「え〜大丈夫〜？　彼氏10歳も歳下じゃん。**私はそんなふうに思ってないけどさ、**あんた稼ぎがいいから、周りからお金目当てだと見られるんじゃないの？」

「歳は……たしかに離れてるけどさ……」

「まあ、**私はそうじゃないって知ってる**けどさ。私の勘は、けっこう当たるからなー」

「私は違うけど」と**第三者目線**を装って、傷つく言葉を浴びせてくることも。

この子を情緒不安にするの、楽しいわー。
彼氏と楽しくされるのなんて、
こっちは全然楽しくないから勘弁してよ！

あの人のひと言が
なぜか頭から離れなくて、
ずっと不安な気持ちになってしまう……
あなたの知人友人に、
何気なく傷口や弱点を
えぐられてはいないか⁉

"

奴らは狡猾に、そっと忍び寄る

ハルトさんが一生懸命に作業をしていると、ブラックさんが近づいてくる。

そして、優しい表情でいつも、こう声をかけてくる。

「なんか忙しそうだね。いま何やってるの？」

ハルトさんは答えた。

「あー昨日、部長が〇〇の資料がないって困ってたじゃないですかー。なので、資料探して、いまから部長にメールで送ろうかなーって」

「おお、さすが！　そのハルトの気配りをみんなに言っておかなきゃね」

「いやいやいやいや、勘弁してください（笑）　恥ずかしいんで……」

ふと思いついたように、ブラックさんが意外なことを言ってくる。

「あ、そうだ。それプリントアウトしてくれない？　**ちょうど部長との会議に行くところだから、その資料も一緒に渡しておくよ。**ボクも読みたいしね」

「え……？　あ……はい。全然いいですけど……。いや……ブラックさんに悪いんで、僕から渡しますよ！」

「それがベストだけどね。でも今日部長、忙しそうだから1日捕まらないかもよ。そしたらハルトも、**ずっと待ちぼうけになっちゃうでしょ？**　少しでも早く伝えたほうがいいし、他の仕事もあるだろうし」

「そうか……。そんな日なんですねー」

「**ハルトが頑張りましたって、部長にはちゃんと伝えとくよ。**たまには午後は休憩しときな」

「わかりました！　じゃあ、よろしくお願いします！」

ブラックさんの心の声

部長には俺が、資料用意したことにしとこう。
ハルトみたいなお人好しがいると、
〝いい仕事〟してくれるからホント助かるわー。
ちょくちょく声かけて、
何してるかチェックしとかないとなー（笑）

もしもあなたの周りになぜかいつも、
「どこで何してるか」聞いてくるあの人や、
自分の行動に関わってくるあの人がいたら、
注意が必要だ！

すばらしい

奴らは知らない所で私たちの人生を削り、奪っていく

ブラックさんが裏でサヤカさんについて話している。

ブラック「今度サヤカさんの企画が通りそうなんだってね。でもボクちょっと心配なんだよね。だってサヤカさんって真面目だけど、**じつは強情で無理するところあるって聞くじゃん。**だから、うつ病っぽくならないと良いなって……」

同僚A「えーそうなの？　全然そうは見えないけどー」

同僚B「けっこうメンタル的に無理してきてるんだねえ」

ブラック「**じつは、もうすでに精神的にかなりキテるかもねー。**ボクは全然思ってないけど、きっと上の人たちの多くはヤバいんじゃないかって**話してるよ。**突然辞めたり、パワハラで訴えてきたりしそうなタイプだし」

同僚A「うわー、そうだとしたら危ないね」
同僚B「人は見かけによらないもんなー」
ブラックさんは上司や先輩にもこう話す。
「サヤカさん、見かけによらず**かなりメンタルきている感じがする、って同じチームのAさんやBさんも話してましたよ**」

よからぬ噂は尾ひれがついて、すぐに広まる。

サヤカさんがオフィスにいくと、なんだか職場の空気が以前と違ってきたと感じる。なぜか最近同僚にちょっと距離を取られている感じがする。

すると上司に呼び出されて、こう告げられた。

「きみの企画なんだけど、ひとりだけで進めるのはまだ心細いだろうから、**ブラックさんにアドバイザーとして入ってもらおうと思うんだ。**彼に相談しながら進めなさい」

上司の前で困惑するサヤカさん。以前のように仕事をうまく進められなくなっている。私の何が悪かったんだろうか……。

ブラック人間は、
とても頭が良くて口もうまい！（涙）
知らないうちに人柄や能力を
おとしめられていることもある……!!
善良なあなたがこれに気付くことは、
ほぼ不可能かもしれない!?

ここだけの話さ……
じつはヤバい人
かもね
俺は
思ってないけど
みんな困ってるらしいよ

もしあなたが「自分らしさ」を失っているのなら……

今日も、どこかで誰かが「ブラックな人間」の被害を受けている——
本人がそうとは気付かない間に——

そんな悲しい事態をひとつでも防ぎたくてこの本を書かせていただきました、カウンセラーのRin《リン》と申します。

世界遺産・厳島神社のある宮島のすぐ近くで、のべ3万7000人の悩める方々のお気持ちを聞き、その解決策を見出してきました。

私たちの心をモヤモヤさせる人。

心を乱してくる人はたくさんいます。

もちろん、どれだけ性格が良い人だって、世界中の誰とでも仲良くできるわけではありません。

ですから、たとえ「あの人のこと、好きになれんわー」「アイツとはやっとれん」(すみません。感情的な言葉になると広島弁がたまに出てしまいます）と、相手に生理的な拒絶を感じるときもほとんどの場合は、性格や相性の不一致という結論で終わります。


しかし、私は何十人、いえ、何百人と見てきました。

この世界には、**本物の「ブラックな人」が紛れ込んでいます。**

それは、性格や相性の不一致では決して片付けられない「根本的な問題」なのです。

彼らは心の優しい「ホワイトな人」が大好きです。

自分もそうなりたい！　と強く憧れています。

だからこそ、もしあなたが「ホワイトな人」であればあるほど、彼らからロックオンされて、知らない間に取り込まれている可能性があります。


あなたの心が優しければ優しいほど。

正直者であればあるほど。

聡明であればあるほど。

体が丈夫であればあるほど。


本物の「ブラックさん」は、「ホワイトさん」であるあなたにゆっくり近づき、そのホワイトなエネルギーを自分の支配下に置きたいと考えます。


大切なのは、それらがとても巧妙に行われているということ。

あなたが気付かないうちに、「あなたらしさ」を狂わせていることがあります。

もしも、こんな症状が出ていたら……すでに彼らの持っているブラックウイルスに感染してしまっているかもしれません。

以前より、気分が沈む。
以前より、やる気が起こらない。
以前より、ネガティブになってしまう。
以前より、気分が悪くなることが多い。
以前より、頭が回らなくなった。

以前より、眠れなくなっている。
以前より、些細なことでイライラしてしまう。
以前より、不運やトラブルに巻き込まれる。
以前より、肩が凝ることが多い。
以前より、食欲がなくなった。

ときどき、暴飲暴食をしてしまう。
ときどき、ファーストフードを食べたくなる。
ときどき、原因不明の体調不良になる。
ときどき、動悸《どうき》や眩暈《めまい》がする。
ときどき、仕事で時間を守れなくなってしまう。
ときどき、人に八つ当たりや意地悪をされてしまう。
ときどき、不本意な誤解を受けてしまう。

金縛りにあう。
悪夢をみる。
部屋に置いてあるものが急に落ちる。
ドアが急に開く。
近くで妙な音がする。
電化製品が勝手に作動する。

「以前の自分であれば、こんなことはなかったのに……」

そんなふうに自分らしさを見失ってしまう現象が、もしも身の周りに続いているようなら要注意です。

これから詳しくお話ししていきます。

「自分が悪かったのかな」と思わなくていい

ブラックな人は、ブラックなエネルギーをまとっています。

私にはそれが、風邪やインフルエンザのウイルスのように見えます。弱った人間にピタッと付着し、感染していくイメージから「ブラックウイルス」とも呼んでいます。

「ホワイトな人」がブラックウイルスに感染すると、まともな思考回路ではいられなくなります。理不尽なことをされていても、**自分さえ我慢をすればいい。**

誰も悪くない。**自分が悪いんだ。**仕方ないことだ。と。

頭と体に、鞭《むち》を打って、身を削るような生き方を選び始めるのです。

そんな生き方はただちに、おやめになってください。

もしもこの本を読んで思い当たることが多い人は、これ以上、無理をしないでほしいのです。

ボロボロになって、ギリギリ限界のところまで、ブラックな人と深く関わらないようにしてください。

この本の結論から言います。


あなたはブラックな人と、まったく関わらなくてていいのです。


本物のブラックな人間は「**悪魔化**」しています。

これをなぜ「悪魔」と呼ぶのかは、のちほど第2・3章で詳しくご説明いたします。

でもその前に、一刻も早く、ブラック人間への対処法をお教えします。

この本を手に取ってくださった方のなかには、家族や親戚、知人友人、職場の同僚とのコミュニケーションで**いままで苦しみ続けてきた人**が多くいらっしゃると思います。

そのため本書では、「悪魔とは何か」をお話するのは第2章以降にして、第1章ではまず、**いま目の前にいる「ブラック人間への対策」から先にお伝えしていきます。**

ブラック人間には心がありません。

心が無いのですから、あなたも心を使わないことです。気を使わないで大丈夫です。喋りたくないのなら、話さなくていいのです。

心が機能停止のまま対応をする日々は、**水が入っていない空っぽのヤカンに火をつけっぱなしにしている**ようなものです。

お湯を沸かすこともなく、何の意味があるのかわからないまま、ただ、体に火をあてて燃やされているだけのことです。ヤカンは真っ黒に、焦げ焦げになってしまいます。

あなたを苦しめる人に、あなたから話しかけられる資格はない、話しかけられる価値もないと、私は思います。

社会の常識よりも、あなたが壊れないことがいちばん大切です。ですから、

少し元気なうちに環境を変えてほしいのです。

ブラック人間に少しずつ人生を壊されていった人を、たくさんカウンセリングしてきました。

みなさん、口をそろえてこう言われます。

「まさか、自分の頭が、体が、こんなに動かなくなるなんて……」

じつは、かつて私もそのひとりでした。

カウンセラーとしてお悩みを解決するかたわら、私自身も長い間、ブラックウイルスに感染されていました。

恐ろしいことに、そのことに気付いてもいませんでした。

誰も信じられないと人間不信になり、絶望的な感情で自分を見失っていました。そんな暗闇から目を覚ましたとき、初めて、

「これまでの私は死んでいたんだ……。いま、私は生きている！」

と感じられたものです。

最新の脳科学の研究によると、脳に長期のストレスを与えれば海馬が萎縮すると言われています。

長年ストレスにさらされてしまえば、環境をどんなに整えたとして、暮らしに落ち着きを取り戻したとしても、「生きづらさを感じる」「やる気が出ない」そんな症状が再発するとも言われています。

世界中のすべての人たちに言えることです。

ブラックな人から、悪魔から、いますぐ距離を置いてください。

悪魔はそこにいる！　もくじ

第1章

隠れた悪魔をあぶり出せ！

隠れ悪魔図鑑

第2章

ブラックエネルギーを回避せよ

第3章

悪魔と向き合った日

第4章

宇宙と先輩と私たち

第1章

隠れた悪魔を
あぶり出せ！

もっとも危険な「隠れ悪魔」をあぶり出せ！

「ブラックな人間」にもいくつか種類があります。

まず大きな声で悪口や理不尽なことを言ってきたり、あからさまに敵意を剥き出しにしてきたり。

そんな悪目立ちする行動をとるブラックさんは、どちらかといえば低レベルです。

「わかりやすい悪魔」ですから、こちらが無視したり、適当にあしらったりして、冷静に付き合えばいいので、それほど問題にはなりません。

たいていホワイトさん側に味方が現れ、悪魔自身が孤立してしまいます。

こういう「わかりやすい悪魔」は影響力が低いので、それほど支障はありません。

いちばん厄介なのが、目立たない賢い行動に長けたブラックさんです。

彼らのことは「隠れ悪魔」と呼びます。

隠れ悪魔は、影響力が大きい人に多く見られます。

非常に頭が良いので、狡猾に、誰にも気付かれることなく、あなたを苦しめていきます。

たとえば、他の人には優しく話しかけるのに、あなただけにはなぜか冷たく接することが多かったり。

しかしそうかと思えば、**自分の都合によって機嫌よくあなたに話しかけてきたり。**

それは大抵あなたを利用したい頼みごとがあるときです。

またあるときは、熱心にあなたの話を聞いてくれます。
ですが、少し時間が経ったあと、

その話をまったく覚えていなかったり。

じつは、自分の利益に関わることにしか興味がなく、まったく話を聞いていないのです。

「周りから自分がどう見られているか」

に異常なほど敏感なので、話を聞いているフリはとてつもなく上手です。

いま流行しているウケの良い話題や、知的な一面を見せるニュース情報など、相手を惹きつける楽しい話が得意です。

そして整った髪型や服装、トレンドのファッションを取り入れています。男性ならば、ある程度女性ウケのよろしい紳士のような服装をしていることが多いです。

わからない人には尊敬される存在にも見えるかもしれません。

しかし、あなたが心の美しいホワイトさんであればあるほど、隠れ悪魔は、徐々にあなたにストレスを与えていきます。自分より優れている人が気に入らないからです。

「優れている」というのは能力のことではありません。周囲を惹きつけてやまない「**ホワイトな心**」のこと。

彼らにロックオンされると、知らぬ間に人生が削り取られていきます。

「敵を知り、己を知れば、百戦危うからず」と言います。

次ページからの**【隠れ悪魔図鑑】**にまとめましたので、まずは敵である隠れ悪魔がどんな人間なのかを知ることです。

そのうえで、ホワイトさんであるあなたがどんな状況にいて、どんな対策を取れば良いのかを知りましょう。

すぐそこにいる！

隠れ悪魔図鑑

見た目いつも小綺麗悪魔

見た目にこだわり、高級なものを身に付けている。
お嬢様や権力者に多い。モテへの欲が強い。
「どう見られるか」を意識して人の目を欺く。

2

人の話覚えてない悪魔

自分の損得でしかモノを考えていないため、
関係ない他人の話はほとんど忘れる。心で聞いていない。

3

権力者にベッタリ悪魔

常に、組織のトップや
お金持ちのそばに
ポジショニング。
どんな話も自分を
中継させることで
存在感を高めようとする。

4

相手次第で横柄になる悪魔

人への接し方に
かなりの差がある。
上司の前ではニコニコ、
部下には冷たいなんてザラ。
クレーマー気質で、
飲食店などでも横柄になりがち。

5 アイデア・言葉をサクッと盗む悪魔

悪魔化すると心がなくなるため、
アイデアや言葉を「我がもの」にすることに対して、
1ミリも躊躇がない。

6

サゲる言葉でマウンティング悪魔

どれだけ頑張っても「あれがダメ」「これがダメ」と匂わせて
意地悪する。自信を失わせて他人を支配する。
正直者ほどターゲットになりやすい。

7

弱点や急所を嗅ぎ続ける悪魔

自分が優位に立つために、他人の弱みや苦手なこと、
何をしているかなどの動向をいつも探っている。不幸話も大好き。
相手が大切にしていることを知りたがり、傷つけたがる。

8

親切だと思わせぶり悪魔

最初は丁寧に接してくるが、
裏ではこちらを
じっと観察している。
支配できそうと感じてからは
豹変する。徐々に要求が
エスカレートしてくる。

9

不要なプレゼントくれる悪魔

「あなたに良いと思って」と
言いながら要らない
贈り物をくれる。
ひどい場合は有料で。
余計な金銭的ダメージを
負わせてくる。

10 ふたりきりだと優しい いじめっ子悪魔

ふたりきりだと穏やかだが、集団になると急に攻撃的になり、
態度が極端に硬化する。自分を強く見せる傾向があり、
文句を言わない人や反撃しない人を狙っている。

“すべては、「あなたの才能」を隠すために”

ブラックな人は、ホワイトな人を**必ずと言っていいほどターゲット**にします。

ですから、ホワイトさんの行動や発言を横目でよく観察しています。

最初はしばらく静かに。

まるで監視カメラで定点観測するかのように。

その人が隠れ悪魔だと気付かないうちは、

「私のことをよく理解してくれる。頼りになる存在だ」

と勘違いしてしまうこともあることでしょう。

ですから、前述の【隠れ悪魔図鑑】でご紹介したような人がもし近くにいたら、注意してみてください。

「隠れ悪魔にどう対処すればよいか」もこれから随所でお伝えしていきます。

心が優しいホワイトエネルギーの人は、自然と注目を浴びます。

現代社会では見逃されがちですが、

「優しさ」というホワイトエネルギーこそが、じつは無敵の才能なのです。

ですから、ホワイトさんの持っているまっすぐで誠実なエネルギーは、ブラックさんにとって「**憧れの存在**」です。

同時に、自分には持ち得ないからこそ「**不快な存在**」でもあるのです。

ホワイトエネルギーが誰からも魅力的であることを知っているので、ブラックさんはあなたを支配下におこうとします。

あなたを利益のある存在として利用しようとしてきます。

あなたの誠実さ、優しさをとことん利用してきます。

そんなあなたを手なずけて支配する方法はなにか。
それが、**消耗**させることなのです。
あなたに負担をかけてストレスを与えてきます。
ブラック人間のそばにいると、不幸が立て続けに起きていきます。
非常にトラブルが多くなります。
その罠を仕掛けられていることも、なかなか気付くことが難しいのです。
体調不良を起こすこともあるでしょう。

天才的な裏工作で「自信」を失わせる

消耗の次は**破壊**です。
破壊とは、あなたの思考回路を回らなくさせるのです。そしてあなたの才能を機能停止にさせて支配下においていきます。

ホワイトさんの誠実さを、裏で操り、自分が有能な人材であると演出するために利用していくのです。

ブラックな人の心ない適当な行動の責任を、すべてあなたに負わせるようなことをしてきます。

そんな人のそばにいたら、ブラックウイルスに感染され、**あなたは自信がなくなるようになります。**


ふたりきりになると、あなたを褒めるでしょう。

しかし、みんながいる前では、**あなたを見下したものの言い方**をして、他の人を褒めても、**あなただけは褒めない**。

あなたの美しい光輝く存在自体を、ブラックウイルスで消そうとしていきます。

あなたの才能を周囲に気付かれないように、あなたを隔離したり。

あなたを独占しようとしたり。

あなたの良さを周りにバレないようにしたり。

気付かれないように自分の手柄にしていくのです。

常にあなたを下げる行為で、

あなたを所有物にしていくのです。

あなたが長い期間、そのブラックな人のそばにいたのならば、**あなただけに八つ当たり**をしたり、**ひどい暴言を吐く**といった醜い姿を見せてくるかもしれません。


あなたが気付いたときには、もうすでに真っ暗な黒い森のなかに迷い込んでいるかもしれません。

もっとひどければ生き地獄のような状況にもなります。

残念なことに、これは決して大袈裟な言い方ではありません。

とても現実のことだと信じられないほどひどい目にあっているご相談者さんたちの

話を、私は何十、何百と聞いてきました。

隠れ悪魔やブラックさんは、

ホワイトさんの才能と
可能性を潰す
天才的な悪なのです。

対ブラックさん
護心術
1

「相手とわかり合える」とは絶対に思わないで！

では、ホワイトな読者のみなさんは何をしたら良いか。

まずこれを実践してほしい、ということがあります。

「彼女はなぜ、あんなことを言ったんだろう？」

「彼はどうして、こんな行動をしてくるんだろう？」といったように、

ブラック人間が『何を考えているのか』、その理由や背景を知ろうとするのは、絶対におやめになってください。

本書で彼らの性質だけ知っていただければ十分です。**それ以上の分析や深入りはしないでください。**

なぜかというと、悪魔化したブラックさんの考えることは、こちらを消耗と破壊させて、最終的に思いどおりに支配することしかありません。

ですから、どれだけ考えたところでホワイトさんの納得できる答えには辿り着けません。

「ヒザを突き合わせて話せば、少しは理解し合える」という状況になる可能性はゼロなのです。

もし「私も悪いところがあったかもしれないから……」などと、彼らに歩み寄ろうとしたら——。

むしろ、あなたのそういった優しい部分を逆手にとって、さらに狡猾に利用してくるでしょう。

“どうして偉いお坊さんなのに恐ろしいの？”

私の父親は、信仰心の強い人でした。

そのため、子供の頃はよく知り合いのお寺に連れて行かれていたのです。

「立派なお坊さんだよ。ちゃんとご挨拶しなさい」

そのように父から紹介された法衣姿のお坊さんは、私に優しく声をかけてくれました。

「お嬢ちゃん、よく来たね」

普通に考えれば、笑顔で挨拶をお返しするべきでしょう。

けれど私は……。

お坊さんに何か声をかけられるたびに、気分が悪くなり、頭がフラフラしたのです。

私の頭を撫でようとするお坊さんの**真っ黒い手**から逃げるように、父の腕をぎゅっと握り締めながら、父の背後に隠れていました。


真っ黒い手。

これは畑仕事や手作業で黒くなったのではありません。

「真っ黒い何か」が手や腕全体を包み込むように存在していたのです。

そもそも出会った瞬間から、お坊さんの周りに**黒い塊がモヤモヤたくさん浮かんでいる**のが私には見えていたのです。

ふわふわしたウイルスのような、空に浮かぶ小さくて丸い雲のような……。

けれど、色は真っ黒で、近くに寄るだけで気分が悪くなる感覚でした。


どうして神様仏様に仕えている人が、こんなにも真っ黒なのか。

信仰心の深いお父さんが、どうして気付かないのか。

幼かった私にはそのような複雑な感情をうまく言葉にできないまま、「真っ黒な塊」に気付かないふりをしていたのでした。


「ここにいるだけで、気持ち悪くなるの」

その切実な気持ちも、父に伝えることはできませんでした。


お経を唱える声。

木魚を叩く音。

真っ黒い塊のその後ろ姿を見ていると、お坊さんの耳の後ろから「**恐ろしい声**」が聞こえてくるのです。

「このやろう……」

そして、次第に、恐ろしい顔をした妖怪のようなものが、姿を現してきたのでした。

人間のような、獣のような……見たことのない顔でした。

私は何も嫌なことをされていないというのに、まるでこのお坊さんにひどい仕打ちをされたかのように、既にこの心は恐怖でいっぱいになったのです。


しかし、それ以上に恐ろしいものがありました。

それは、この私自身です。

この世ならざる醜いものを感じる、自分という存在が怖かったのです。


「どうして私は、こんなに恐ろしいものを感じるのか……」

この黒い塊が見えることを誰かに話すと「私は気味が悪い子です」と自己紹介をし

ているようなもの。

このお坊さん以前にも、私はたくさんの黒い塊を見てきましたが、「自分が変な子だ」とは認めたくありませんでした。

「人さまを、悪く決めつけてはいけない」

そう反省して自分に言い聞かせるのですが、黒い塊がどうしても見えてしまうのです。

この黒い塊について、誰にも言いたくありませんでした。

だから誰にも相談をしたことがありません。

大人になるにつれて、この感覚をある程度コントロールできるようにもなりました。

たとえば知り合いが「この人ってカッコいいよね」と、芸能人やタレントさんの写真を見せながら言ってきたとき。

その写真から黒い塊を感じていましたが、見ないフリをして、「うん、そうだね」と答えるようになっていました。

むしろ、普通の人が「カッコいい」と感じるものを、本心からそう思えていない自分のほうを情けなく感じていました。

ブラック人間かどうかは100％わかる

「ブラック人間を退治する方法」にも関わりますので、もう少しだけ私のお話をさせていただきますね。

私を長年苦しめていた黒い塊は、自分が気味悪い子供だから、私の心が汚いから見えるのだと思っていたのです。

ですから、「普通ではない自分」をいつも責めてばかりいました。

しかし現在のカウンセリングという仕事をしていくうちに、少しずつ考え方に変化が出てきました。

「普通ではない」かもしれないけれど、**だからと言って「間違っているわけじゃない」**。

そう信じられるようになってきたのです。


「やっぱりＲｉｎさんが言ってたように、あの人、最悪だった～！」

「信用してたけど……結局裏切られたわ。お金、全部持っていかれたの」

「しばらくしたら急に態度が変わって……Ｒｉｎさんが気にしてたとおりにホンマに意地悪になったんよー」


お客さんからは、こんな言葉をよく言われてきました。

よくない未来を言い当てても、誰も嬉しくはありません。

ですが、

ブラックな人間に関しては、

私は過去一度も、予想が外れたことはないのです。

カウンセリングでお話を聞いていく途中に、相談者さんを「困らせている人」の情報を写真や文字などで教えてもらいます。

そのとき――。

黒い塊を持っている人は、いつだって黒く見えてしまいます。

その瞬間、「困らせている人」が**ブラックさんであることは確定**。

相談者さんとその人の性格や相性が合わないのではなく、世の中に一部紛れ込んでいる本物の「ブラックさん」である証拠です。

繰り返しますが、その感覚が外れたことは**一度もありません**。

私がいったいどのような感覚になっているのか、実際にあったカウンセリングの様子をお伝えしていきます。言葉にするのはとても難しいので、あくまで参考までに。

なお、本書でこれからご紹介していくカウンセリングや体験談は、相談者さんご本人にも掲載許可をいただいています。

ご年齢や肩書はカウンセリングしていた当時のものです。

基本的には実名でご紹介していますが、相談者さんの生活や安全面に配慮しなければいけない場合は仮名にしています。

体験談 1

異様なオーラをまとった1枚の名刺

事務員　斉藤あや子さん（仮名）　27歳

数年前にお客さんとして出会った斉藤あや子さん。

歌手、浜崎あゆみさんにも似た20代の元気でファッショナブルな女性でした。

あや子さんは、以前の恋愛でとても悲しい経験をしていたので、ようやく新しい恋ができたことに、はしゃいでおられました。

そんな嬉しそうな様子を見て、実際、私も元気をいただいていたのです。

そして、新たにお付き合いしている「男性の名刺」を、見せてもらったときのこと。

その名刺を手にした瞬間――。

私の両手は手錠をかけられたかのように、あるいは凍りついてしまったかのように、
固まって動かなくなってしまったのです。

一瞬で胸のなかにザワザワとした嫌な感情が沸き立ちました。

私の人生でも初めての経験だったのです。

ウキウキしている目の前のあや子さんに気付かれないように、固まってしまった腕の力を抜き、なんとかゆっくりと動かしました。


そして、その衝撃が冷めやらぬまま、名刺のほうに目を移すと――

名刺に書いてある名前を見ても、なんだか文字が目に入ってこないのです。

まるでそこに文字が存在していないかのように、何も感じないのです。

名前の字がバラバラに、

散らばっていくようにも感じられました。

本当に衝撃的でした。

カウンセリング中、新たな恋が始まり、嬉しそうなあや子さんの顔を見ると、そのことは言えませんでした。

しかし、家に帰って夕飯の支度をしても、私の胸のザワザワがまったく取れません。そこで、私は意を決して彼女に連絡をすることにしました。

名刺を見て感じたことを話そうと思ったのです。

「ごめんなさい。私の感じることが間違ってたらいいのだけど、あの名刺はきっと偽装したものだと思うの」

証拠も無いうちからひどいことを言っているのはわかっていましたが、あや子さんにそう伝えました。

彼女は最初、ショックを受けていましたが、実は「心当たりがある」とつぶやいていました。

それからしばらく経った頃、あや子さんから連絡がありました。

やはりというか……名刺は真っ赤な偽物でした。

さらには彼本人が**「詐欺師だ」と白状しました**、とも教えてくれました。

幸いなことに、彼女が金銭的なものを盗られることは、ありませんでした。

“本物のブラックさんが改心する可能性はほぼゼロ”

このときの経験は、私にとって大きな転機となりました。
それはあや子さんがこう言ってくださったからです。

「電話で話を聞いたときは正直ショックでした。幸せの絶頂で、なんでそんなことを言われなきゃいけないの？って。だけど、それでも伝えなきゃいけないというＲｉｎさんの優しさも感じたの。彼に対して思い当たることもあったので、なおさら正直に伝えてもらえて嬉しかった」

「黒い塊が見える」と言って、変な人だと思われたくない。

気味が悪い子だと思われたくない。

そう思って悪魔や妖怪や霊が見えることを、子供の頃から黙っている自分の弱さと恐れに気付かされました。

「言われたとおりになったんよ！　Ｒｉｎさんに事前に教えてもらっていたから、あの人に意地悪されても、それほどツラくはなかったよ」

いままでは、そう言われることも多々あります。

そんなたくさんのお客さんの声のおかげで、私は自分を疑うことをやめられて、この感覚を信じることができるようになったのです。

私が感じてきた黒い塊、ブラックエネルギーは、**放置していれば必ず誰かを傷つけてしまいます。**

私は次第に、人からどう思われてもいい。

そんなことよりも、傷つく人をひとりでも減らしたい。

自分の感じたことに堂々と向き合えばいい、と行動できるようになりました。


【余談】

じつは先ほどの「名刺偽造事件」には後日談があります。

名前からはブラックエネルギーを感じたものの、私には同時に、もうひとつの感情も流れ込んでいました。

そのことは、あや子さんにも最初の電話でこのようにお伝えしていたのです。

「名刺は調べたほうがいいかもしれない。だけど、彼があなたのことを好きな気持ちも感じたのよ。騙そうとしてる感じもしないし。なぜかしら……」

この男性、それまでは詐欺を繰り返していて、当初はあや子さんも騙そうと思っていたみたいです。

しかしじつは途中から、彼女の素直な性格に本気で恋していて、白状したときには**もう騙す気はなくなっていた**のでした。

そしてふたりは付き合うことになり、実際に長い間、幸せな関係を育んでいました。

ドラマみたいな本当の話です。

ただ、**ブラックさんが改心する機会は、これ以外にはほとんど見たことがありません。**

このようなブラックさんは稀ですので、ブラック人間への対策もきちんと覚えておきましょう。

もしも【隠れ悪魔図鑑】に載っているような人があなたの近くにいたら、あなたはどうすればいいか。

まずは次ページの「**心を使わない**」方法から始めてみましょう。

対ブラックさん
護心術
2

心を1秒も使わない。関係性も良くしない。

ブラックさんに対して、**心を使うことをいますぐやめましょう。**
感情的になる時間を減らすことから、スタートしましょう。

どうしてかというと、

悪魔化した人間には「心がない」からです。

心がないから、**他人のアイデアや意見を簡単に真似したり、盗んだりします。**
他人が話していたことを、あたかも自分の発想のように語ります。
もともと「あなたの心」を感じていないから、盗用しても平気なのです。

たとえば、会話をしているときにあなたが心の奥に「大切にとっておいた思い出や気持ち」について話したとしましょう。

普通の人であれば「この人の考えていることは素晴らしいな」とホワイトな心で受け止めます。

けれど、ブラックさんは違います。

「この話を誰かに言ったら、良く思われるな」

と反応する。

すべては、**自分の利益になるかどうか**、で判断します。

そうして別の場所で、あたかも自分が思いついたかのように平然と盗用するのです。

また、心で受け止めて聞いていないので、ブラックさんは

利用できる話以外はすぐに忘れます。

そのときにいくら話が盛り上がったとしても、何週間か経てば、**「あぁ――、そうでしたっけ？」**と言われるのがオチです。


このような状況になると、読者のみなさんはどう感じるでしょうか？

（覚えてなくても別にいいけど、なんだかモヤモヤする……）

（私が言い始めたことなのに……くそームカつくなあ）

と、心を乱されてしまうこともあるでしょう。


さらに、ホワイトさんはこのように考えがちです。

「どうすれば、このモヤモヤした感じを解決できるだろうか」

「どんなふうに接すれば、同じことが起こらないようにできるだろうか」と。

断言しますが、このような相手に寄り添う考え方はまったく**建設的ではありません。**

壁にものを言うのと同じです。

本物のブラックさんは、もともと人の話を聞いていませんし、ツラかったとか、しんどかったと言っても伝わることはありません。

何度同じことを言っても覚えてもらえませんし、**罪悪感もないのです。**

ですから、

本物のブラックさんに対しては、
心を1秒も使ってはいけません。

そう心得ておくことが、あなたの心を守る「第一の壁」になってくれます。

あなたの貴重な時間と心を、無駄にしてはいけません。

ホワイトエネルギーの人は、どうしても生きづらいと感じやすいものです。
だからもし、「軽く見られている。下に見られている。馬鹿にされている」という感情になったとしたら。

「心がない」ブラック人間と、「心がある」あなたとでは、**そもそも対等な関係が成立していない**ことを思い出してください。

心がないので、

相手は「石ころ」と同じです。

人間であるあなたが、石ころに対して決してみじめに感じたり、気にしたりする必要はないのです。

相手が無機質な存在だと思えば、1秒与えるのだって、もったいなく感じることでしょう。

“「通じ合えない人間」はこの世に存在する”

これほどまでに誰かのことを「心がない」と連発すると……。

「知らない人間に対して失礼なことを言うな」と、お叱りになる方もきっといらっしゃると思います。

お叱りになって当然です。

そう思う方はそのままで良いのです。

むしろ、そうお叱りになれる方こそ、**真っ直ぐで公平な価値観を持ったホワイトな人**ですから。


ですが、まだまだこれは「対ブラック人間」の基本のキです。

ここからは、もっと非常識なことをお話ししていきますので、不快に思われた方はここで読むのをストップすることをお勧めします。

かつて悪魔の心をのぞいたときに、それはまるで「水筒のように縦長で空っぽの器」に感じられました。

悪魔化した人間には、本当に心がなくなってしまうのです。

これについては第3章でお伝えします。

それでも、ブラックさんと接する機会が多い人は、彼または彼女を無視するわけにもいきません。

ですから、もし何かで自分の感情を揺さぶられたことを感じ取ったら、いったん冷静になりましょう。

ブラックな人間から目を背けず、「そういう黒い存在がこの世にいること」を直視しましょう。

「気にするだけ無駄」と冷静になれれば、心乱される機会は減っていきます。

体験談 2

我を失い、鬼のように荒れ狂った妻

貴子さん　福祉施設勤務　看護師　40代

「Ｒｉｎさん、お久しぶりです!」

看護師として働く40代の貴子さん。

ホワイトエネルギーの彼女は、後輩思いのとても心の温かい人です。

貴子さんの紹介で、私のところにもたくさんの後輩や同僚が来てくださいました。

「職場で意地悪されたとき、貴子さんが助けてくれたんです!」

「貴子さんみたいに信頼できる人とお仕事をしたのは、初めてなのよ」

そんなふうに誰からも慕われていました。

この日は仲良くご夫婦でカウンセリングにいらしてくれたのですが……。

ご挨拶した瞬間に、旦那さまの後頭部あたりから、少し**灰色のエネルギー**が見えたのです。

（あれれ……どうしたのかしら……これはちょっと重いかも……）

そう感じながらも私は、目の前に座っている貴子さんに意識を集中していきました。

そしてほどなく気が付きました。

（あ、貴子さんブラック人間に憑依されている！）

そう感じた刹那、黒いベールを頭から被せられたように、一瞬で目の前が黒くなったのです。貴子さんはブラックウイルスに既に感染されているとわかりました。

それが旦那さまにも感染していたのです。

私の目の前には穏やかな貴子さんの姿があるのですが、彼女の背後の向こう側にはまったく別の姿が見えるのです。

強い言い方をしてイライラしている貴子さんの姿が見えたのです。

恐ろしい形相をした老婆のような悪魔の顔も見えました。

たぶん、ご自宅で旦那さんに強く当たっているのではないか、と予想できました。

貴子さんは一度、離婚を経験しています。

ですから、現在の旦那さんと再婚したとき、仕事よりも「家庭でのあたたかい時間」を大切にしようと心がけていらっしゃいました。

そんな決意をしていた貴子さんの心が、ブラックエネルギーに蝕《むしば》まれて、何より大切に思っている旦那さんを攻撃してしまうなんて……。

ブラックエネルギーに感染されてしまうと、**自分が自分じゃないような性格になったり、感情がコントロールできなくなったりします。**

八つ当たりをしているつもりはなくても、大切な人に、冷たく当たってしまう症状も出てくるのです。

私は、もう一度、目の前の貴子さんに集中することにしました。

「上司が替わってね。そいつが私にすごく意地悪してきて……。嫌なことばっかり言ってくるの。も――苦しくて。すごく嫌で……」

「つらそうですね。わかりました。その上司の名前教えてもらっていいですか？」

「Ｒｉｎさん、これでいい？　写真はなくて……」

貴子さんから携帯を渡されます。

そこには、意地悪をする「上司の名前」が記入されていました。

「もう……名前を言うのも嫌なほどなんですね……」

「うん……もう……嫌なの……」

あれだけ誰からも愛されている貴子さんが、精神的にこれほど追い詰められている。かなり限界に近いことは、誰の目にも明らかでした。

「うんうん、わかりました。なるほど……これは相当な……ブラックですね」

意識を集中させて「上司のブラックエネルギー」を探ると、胸がザワザワして、何とも言えない嫌な気分になりました。

私に見えたのは上司のような人が、**頭を1ミリも動かさないまま、黒目だけを器用にゆっくりと動かす様子です。**

横目でジロリ、ジロリと見てきます。

ネチネチとした嫉妬心の強さ、こちらの行動をマメに監視してくる圧迫感も覚えました。

その上司は、かなり強烈なブラック人間でした。

“「思いどおりにならないホワイトさん」が標的になる

順調に仕事をしていた貴子さんでしたが、あるとき、上司が替わることになりました。

その新しい男性上司こそがブラック人間、つまり**隠れ悪魔**だったのです。

そもそも貴子さんはその才能を認められ、ヘッドハンティングされるような形でいまの職場にやってきました。新しく事業を立ち上げる戦力として、声をかけられたのです。

ですからその上司の男性も、**初めは貴子さんに優しく接してきました。**

もともと貴子さんのほうが職場の在籍期間も長く、能力的にも申し分ありません。

さらには誰からも好かれる優しいホワイトさんなので、それほど上司の協力を必要としていない状況だったのです。

しかし……。

それが、**隠れ悪魔の「ホワイトエネルギーへの憧れ」を、大いに刺激してしまいました。**

自分のことを相手にしてもらえない腹いせに、巧妙に嫌がらせを始めたのです。

「部下の子が仕事をしやすいように君が誘導しないから、部下の子たちは可哀想だ」

「ほらほら、みんな困っているじゃないか」

そのブラックさんは、貴子さんが嫌がることばかり言って、追い詰めてきたのでした。

(そんなこと、いままで一度も言われたことない！)

貴子さんの困惑する毎日が始まりました。

事実無根のクレームや訳のわからない理不尽な要求、精神的に追い詰める長文メールなど、毎日のように手を替え、品を替え、攻撃してくるのでした。

隠れ悪魔の特徴のひとつは、

「周りの人よりも目立ちたい」というジメジメとした自己顕示欲の強さです。

さらに、**「どう見えるか」に異常なほど固執しています**ので、「これは私の成果です」などとわかりやすく露骨にアピールすることは決してありません。

周囲から「あの人ってすごいよね」と自然と思われるように仕向けるのです。

他人のアイデアを盗用したり、ひっそりと誰かの評価を下げたり、ホワイトさんの人のよさを利用したりするのです。

貴子さんの上司も、表面上は部下たちを可愛がり、理想の上司を演じていました。

口も達者で、演技も抜群にうまいので誰も気付けません。

愚痴や悪口から始まって、貴子さんに非があるように外堀を固めていき、陰湿に、仲間はずれにしていきました。

「いまの職場でこんなひどいことされること、なかったよ……」

隠れ悪魔の「消耗」と「破壊」のターゲットにされた彼女は、いつしか**睡眠導入剤**を飲まないと眠れない日々に突入していました。

家庭も荒れてしまい、

このままだと人生が崩壊する寸前だったと思います。

貴子さんは休養をして、仕事を辞める決意を固めていらっしゃいました。

ですから私は、こうお伝えしました。

「**社会人としての常識なんて、考えなくてもいい。**これから会社を辞めるまで、上司とは、

一切しゃべらなくていいんです。

必要事項はメールだけで済ませて、声を出して、顔を見て上司と話す状況は、作らないほうがいいと思います。**辞める理由の説明もしなくていいんです**」

貴子さんは顔を伏せたまま、ゆっくりとうなずいてくれました。

嫌がらせする上司とは今後一切関わらないようにして、組織のもっと上にいるマネージャー職に直接相談をすることにしたのです。

そのブラック上司は金銭的な面でも、おかしな動向が見受けられたので、いっそのことそれも告発すると言っていました。

帰り際、貴子さんの手をギュッと握ったとき。

堰き止めていた悔しさや悲しさが溢れ出したのか、貴子さんの頬を大粒の涙がポロポロとこぼれ落ちていきました。

「涙は心の浄化になります。しっかり休んで、環境を変えるほうがいいですよ」

そうお伝えして、ご夫婦をお見送りしました。

ブラックエネルギーから距離を取ったことで、貴子さんは徐々に「自分らしさ」を取り戻すことに成功。

現在では、心身ともに回復して、元気になっていらっしゃいます。

悪魔に「宝物」を見せてはいけない

ここまで読んで、どう感じられたでしょうか？

読者のみなさんの多くは、「会社を辞めるのにメールで済ませるなんて、非常識すぎる」と思ったのではないでしょうか？

はい、そのとおりです。

それはあなたの心がホワイトエネルギーをたくさん持っているからこそ、非常識だと感じるのです。

「会社や同じ部署の人たちに、迷惑をかけてしまうじゃないか」と思いが至るのは、**あなたがホワイトさんである証**なのです。

ですが、ここまでご紹介してきたように、相手は悪魔化した「心を持たない」ブラック人間。

正攻法はまったく通じません。

それどころか、こちらの言葉を利用されて、さらに悪役に仕立て上げられることにもなりかねない状況でした。

隠れ悪魔と対峙するためには、社会人としての常識なんてかなぐり捨てて、とにかく自分の心を守らなくてはいけないのです。

対ブラックさん
護心術
3

あなたの「新しい情報」をひとつも渡さない。

じつは貴子さんにアドバイスした「何も伝えない」というのは、隠れ悪魔の対策のひとつです。

彼らはホワイトさんの情報にいつもアンテナを張っています。

何かしら「自分の利益になる情報はないか」と、探しているわけです。特にホワイトさんはコントロールしやすいので、弱みや急所を嗅ぎ取っています。

このブラックさんへの対策こそ**「新しい情報をひとつも与えない」**ことです。

近寄らない。

しゃべらない。

目を合わさない。

自分の情報を言わない。

連絡する必要があれば、会社のメールやふせんなどのメモで伝える。

これらを実践するだけで、**心を乱されたり、ブラックな人に撹乱される機会がかなり減っていくでしょう。**

「そんなの、現実的に難しい」という方もいらっしゃると思います。

その場合は、

ブラックさんをミラーリング（行動を真似する）してください。

コミュニケーションを取っているフリをしながら、相手であるブラックさんと同じ行動をとるのです。

同じ言葉をオウム返ししてみたり。

スマホで同じものを見てみたり。

ミラーリングすることで、相手に自分の新しい情報を一切与えない、という方法です。コミュニケーションの最後は、何を話していても感情や心を使わず、笑顔でフェードアウトしていくのが正解です。

ブラックさんに与えてはいけない情報のなかでも、特に意識してほしいことがあります。

あなたが日頃、**「宝物のように大切にしている思い」**は、決して隠れ悪魔に与えてはいけません。

習慣や行動、マイルール、思い出、仲のいい人、大好きな場所など、とにかく大切にしていることすべてです。

それらを傷モノにされないように、絶対に隠してください。

また、そのような「宝物にしている思い」こそが、じつはブラックエネルギーを寄せ付けない最強の武器にもなっていきます。

どういうことか、第2章で詳しくお話ししていきましょう。

第2章

ブラックエネルギーを回避せよ

満員電車のなかでブラック＆ホワイト

20代の頃、仕事で東京の高円寺に住んでいた時期があります。

中野、荻窪、吉祥寺という都内3店舗と、東京ディズニーランドのある浦安市に職場があり、その4店舗をまわる日々でした。

人ごみは非常に苦手でしたが、満員電車に揺られながら毎日働いていました。


そんなある日のこと。

23時過ぎに、帰宅の電車に乗り込みました。

飲み会帰りの人たちが多かったのか、その夜は車内にお酒の匂いが充満していたのです。

すると、スーツを着た40～50代の男性ビジネスパーソンがひとり、**私のほうにゆっくりと近づいてきます。**

ふらつく足取り。
乱れた着衣。
真っ赤なほっぺた。
見た目にもかなり酔っ払っていることは明らかでした。

次の瞬間――。

悪い予想は当たるもので、**大声を張り上げて、私に絡んできました！**
大きな声は予想していなかったので、さすがに私も驚きました。
どうやら私の顔を見て、知り合いの誰かと勘違いしているようです。
もちろん、私にはまったく面識がありません。
大声を張り上げてわけのわからないことを話しているので、電車内にいた他の乗客の方々はハラハラしていらっしゃったと思います。

「女性が、酔っ払いに襲われている⁉」と。


ですが、じつはそのとき、**私はまったく怖くありませんでした。**

なぜかというと、その男性の胸のあたりや体の周囲に、
ふんわりとした優しいホワイトエネルギーをたくさん感じたのです。

「この人はきっと、普段から、とっても心が優しい人なんだなー」

そう直感できたので、ひとつも恐怖感はありませんでした。

その後、男性の勘違いだったとわかると、彼は私にお詫びして、早々にどこかへ消えていかれました。


しかし、別の日のこと。

満員電車には珍しく、ひとつ空いている席を発見した私は、その座席にするりと体を滑り込ませました。

隣には、アナウンサーのように清潔感のある服装をした、30代くらいの女性がお行儀よく座っていたのですが……。

「ちきしょう。許せない。ふざけんじゃねぇ」

誰かを恨んでいるようなドロドロとした呪いの言葉が、隣席からずっと聞こえてきます。

この女性がブラックエネルギーの塊でした。

彼女が実際に声に出しているわけではなく、私が彼女のブラックエネルギーからそのように感じ取りました。

ブラックエネルギーは、とてもわかりやすいのです。

彼女のものすごく大きな「黒い塊」、ブラックエネルギーの影響で気分が悪くなってしまった私は、まだ家まで遠かったのですが途中で電車を降りてしまいました。

これ以外にも、せっかく席を確保したのに、隣にブラックさんがいらっしゃったので車両移動したことは何度かあります。


見た目は怖い酔っ払いでも、中身はホワイトさん。

見た目は清楚な美人でも、中身はブラックさん。

このように、見た目とエネルギーの白黒とはそれほど関係ありません。

ブラックに対抗するためのホワイトエネルギー

そもそも私たちが日常をすごしている自然空間には「ホワイトエネルギー」と「ブラックエネルギー」のどちらもが、同じように存在しています。

ホワイトエネルギーは綿菓子のようにふわふわと、ブラックエネルギーはウイルスのようにモヤモヤと、宙を漂っています。

どちらも人の気持ちや想い（スピリット）を受けて、生まれたり、たくさん集まってきたりします。歩いてきた人にくっついたりもします。


感謝する。

情熱を燃やす。

感動する。

思いやる。


そのような想いがホワイトエネルギーの成分となり、膨らんでいきます。


ですから、場所によってホワイトとブラックの濃度は異なります。

たとえば広島市内にある「平和記念公園」近くを訪れると、そこは平和を祈る人たちのホワイトエネルギーであふれています。

あれほど悲惨なことが起きた場所であるにもかかわらず、歩いているその道から「世界に平和が訪れますように」と祈ってきた人々のホワイトエネルギーをたっぷりと感じるのです。

一方で、あるデパートに勤務していたときのこと。
地下にあった従業員専用のロッカールームには、嫌な感じのブラックエネルギーが充満していました。そのデパートでは、いじめやパワハラが日常茶飯事で、恨みや嫉妬が結晶化していたのです。

ホワイトエネルギーが濃い場所にいると、**森林浴**と同じように気分が良くなっていきます。逆にブラックエネルギーが濃い場所にいると、**大気汚染**の激しい場所と同じように、気分が悪くなったり、体調を崩したりします。

頑張っている人は宇宙から丸見え

もう少しホワイトエネルギーの話を続けますね。

というのも、じつは自分をホワイトエネルギーで満たすことが、最終的にブラックエネルギーを退ける秘訣だからです。

そもそも人のエネルギーは**「頭」「心」「体」という3つの場所に現れる**ようになっています。これはホワイトエネルギーでも、ブラックエネルギーでも同じことです。

・物事をたくさん学んでいる賢い人
・勉強を頑張っている人

・色んな情報のインプットとアウトプットをしている人
・頭を使った仕事をしている人
こういった人々は「頭」とその周りにホワイトエネルギーが大きく見られます。仕事で成功している人などによく見られる傾向です。

・性格がとても優しい人
・家族や知人友人を思いやっている人
・いつも誰かに親切にしている人
こんな方は「胸（心）」とその周りにホワイトエネルギーが現れます。こういう方は、一緒にいるだけで周りに安心感を与えます。

・行動力がある人
・移動が多い人
・スポーツを頑張っている人

・体を使ったお仕事をしている人
・家事を一生懸命している人
こういう方の**「体」**の周りはホワイトエネルギーが満ちあふれています。

人それぞれで3ヶ所のエネルギーの大きさは異なります。

たとえば、人に物事を教えることが多い人は、「体」のエネルギーはそれほど大きくないけれど「頭」や「心」のエネルギーがとっても大きかったり。

たとえば、子育てを頑張っているママさんだと、「体」と「心」のエネルギーがとても大きかったり。

ホワイトエネルギーは電気のようなもので、私から見ると頑張る人は電球が光を放つように、ピカピカと輝いて見えます。

そしてじつは、私たちを見守って応援してくれている**「宇宙」からも頑張っている人ほど丸見え**、です。

ホワイトエネルギーは
頑張る場所で輝いている

ですから、情熱をもって努力を続けたり、何かに一生懸命打ち込んでいたりする人ほど、宇宙から降り注ぐホワイトエネルギーの好循環が起こる仕組みになっています。

「宇宙」については第4章で詳しくお話ししますが、何か好きなことに夢中になって取り組むことこそ、ホワイトエネルギーの理想的な循環を生んでいきます。

大切な物からもエネルギーはあふれ出ている

また、ホワイトエネルギーは想い（スピリット）によって増幅しますので、**「物」**の周りを漂っていることも多々あります。

たとえば、看護師のヤヨイさんをカウンセリングしていたときのこと。**「首のネックレス」からふわふわと温かいホワイトエネルギーがたくさん出ていました**ので思わず、こうお伝えしました。

「ヤヨイちゃん、そのネックレスすごくステキだね！　そのアクセサリーから、たく

さんしゃべりかけてくる感じがする
よ」

するとと、ヤヨイさんはその背景を教えてくれました。

「えー、なんでわかるんですか〜！ 前の職場で仲良かった3人の同僚がいて、私が退職するときにお金を出し合ってプレゼントしてくれたんです……。私もその3人が大好きで、いまでもずっと感謝してるんです」

ネックレスを通して **「思いやり」のホワイトエネルギーが循環**し、大きくなっていたのです。

またあるときは、**「想い」**のホワイトエネルギーを感じることもあります。

20代女性のカウンセリング中、**お客さんの後ろに高齢女性の優しいお顔がチラチラと見えました。**

温かいホワイトエネルギーに包まれていたので、おそらくお客さんのご親族かな、とすぐに感じました。

お話をうかがうと、実際にその方は昔から「祖母のことが大好きなおばあちゃんっ子」とのこと。

おばあちゃんのことを心配してちょくちょく会いに行っていましたし、おばあちゃんからもたくさん愛されていることがヒシヒシと伝わってきたものでした。

お客さんからホワイトエネルギーを感じたとき、私はなんとも言えない幸せな感覚に浸ることができます。

安心。ワクワク。ドキドキ。

温かい。楽しい。優しい。

さまざまにポジティブな感情が私のなかに流れ込んできます。
カウンセラーの仕事をしていて、本当に幸せな瞬間です。

特に、ホワイトさんに対して「本人が気付いていないご自身のホワイトエネルギーの存在」をお伝えするときは、最もやりがいを感じます。

天然のイルミネーションであるホタルや、海のなかで幻想的に光を放つクラゲは、仲間たちが光っているのは見えるけれど、同じように自分が輝いていることには気付いていません。

それと同じように、ホワイトさんの多くは「自分がどれだけ光って見えているか」、まったく気付いていないのです。

「自分なんて、まだまだです」
「頑張っているけど、周りからすれば大したことない」

みなさん、そんな風に自分を卑下して考えがちです。

でも、現実はまったく逆で、

ホワイトさんご本人のほうが光り輝いていて、周りに良いエネルギーを与えている

ことがほとんどです。

それにホワイトさんは、たとえ困難があってもうまくいくようになっています。

夢を追いかけている最中も、もうすでにホワイトエネルギーのなかに包まれている。

つまり、自然とエネルギーの好循環に導かれるようになっています。

そもそもピカピカと頑張っている姿が丸見えで、宇宙が放っておくはずないのですから。

それに、こう言うと怒られるかもしれませんが、ホワイトエネルギーを持っている人は「落ち込んでいる姿」でさえも、美しく見えるのです。

対ブラックさん
護心術
4

好きなことに一点集中する。

もしも、「お花のことを考えている時間」が、いちばん幸せだという人がいたら。

その人は、そのままお花について夢中であり続けることで、**何よりもホワイトエネルギーを育むことができます。**

ホワイトエネルギーを膨らまし続けることが、ブラックエネルギーの侵入を許さない最大の防御策になります。

ブラックエネルギーを持った人間は、ホワイトさんにブラックエネルギーを感染させていきます。

そのとき、私たちの心にすき間や空洞があると、外から感染したブラックエネルギーがそこへめがけて内部へと入り込んできます。

また、不安や心配ごとがあって「心ここにあらず」の人は、心のエネルギーの場所がずれて見えることがあります。

そういったすき間にもブラックエネルギーは目ざとく侵入してきます。

ですから、ホワイトエネルギーで自分自身を満たしていくことで、ブラックエネルギーに感染する隙を与えないようにします。

次ページの図も参考にしてみてください。

とっても簡単に言えば、

「ブラック人間なんか眼中にないわよ！」

と言い切れるくらいに、好きなことに夢中になれるのがベストです。

ブラック人間のそばにいると
「心ここにあらず」の状態になり、
ブラック化が進んでしまう

好きなことに夢中になると
心（スピリット）が満たされ、
ブラックエネルギーを撃退できる

“トップインフルエンサーが教えてくれたこと”

「仕事も家事もまいにち忙しいし、好きなことをする時間なんて1分もないです。無茶なこと言わないで……」

「みんな好きなことを我慢して、やりたくないことでも頑張ってる。そんななかで〝好きなことに集中する〟なんて現実的じゃない」

そう思われる方もいるでしょう。

あなたがホワイトさんであれば、当然の反応です。

ですが――。

私がたくさんのお客さんたちから見てきた現実は、むしろ逆なのです。

今世の宿題である

「好きなこと」に夢中で取り組むほうが、物事がなぜかうまくいく

ようになっています。

美容系インフルエンサーのAさんは、その典型でした。

いまでは**SNSの総フォロワー数200万人を超える、美容系ジャンルのトップインフルエンサー**として大活躍しているAさん。

もう10年以上のお付き合いになります。

初めてお会いしたときに、Aさんの体はもちろん、持ってきていた紙袋やカバンなどからもホワイトエネルギーがあふれて広がって見えました。

同時に、とても繊細なエネルギーも感じました。

他人が気付かない細やかな目線でいろんなものを見ている感覚を持っていて、気疲れも多いのだろうな、と。

こういう人のホワイトエネルギーは、特別な空気感があります。

世間では、それを気が高いとか、波動が高いと表現するのかもしれません。**他人に影響力を与える強いエネルギーを感じました。**


Aさんは Y o u T u b e を始めるかどうか迷っていた時期で、

「大丈夫だよ。きっと大人気になるから。それはもう約束されているようなものだから」

と繰り返しお伝えしたことを覚えています。

本人がいかにホワイトエネルギーをキラキラと放っているか気付いていらっしゃらなかったので、そのことを暗にお伝えしました。

ホワイトエネルギーがはっきりと見えていたので、**ご本人が好きなことに向き合え**

ば必ずうまくいくという確信がありましたし、私が言わなくても、ご本人も心のどこかで決意しているようでした。

その後は、順調にスター街道を進んでいかれて、当時想像したよりもはるかにたくさんのフォロワーさんに愛される人気者になっています。

「夢中になる」こそ今世の人生のスタートライン

私たちは100%満たされないまま、今世に生まれてきます。

どこかにスッポリと穴が空いていて、それが**今世の宿題**として存在しているのです。

そしてじつは、いままで心にしまってきた「本当にやりたいこと」や、時間を忘れて没頭してしまうような「夢中になれる大好きなこと」こそが、まさにその今世の宿題です。

前世では満たすことができなかったラストピース

と言えます。

もっと言えば、その宿題は来世にもつながっていくものなので、今世で早くクリアしておくことが、みんなをウィンウィンにするいちばん幸せな選択なのです（4章で詳しくお話しします）

ですから、お花が大好きな人がお部屋に生花を飾ったり、お庭でガーデニングを楽しんだりすることは、どんどんやるべきです。

そうすると——。

お花屋さんを経営するつもりはまったくなかったけれども、**気が付いたら導かれるようにお花屋さんをやっていたという不思議なことが起きるのです。**

ほかにも、「大好きなこと」や「我慢してきた夢」に取り組んだ結果、あれよあれよと道が開けていったホワイトさんのお客さんはたくさんいらっしゃいます。

★予約が取れない人気のパン教室

長年、看護師として働いてきた小百合さん。職場の人間関係で悩んでいた頃、趣味でパン教室に通っていた。カウンセリング中、小百合さんの頭の上から「パン」が見えて、美味しそうな香りも漂ってきた。数年後、自家培養酵母を使ったパン教室を開業。なかなか予約が取れない大盛況の教室に。

★開業したベーグル店が大人気に

夫がブラック人間で、つらいモラハラを経験してきた沙奈江さん(仮名)。困難な状況のなかでも、自分の夢を信じて、ベーグル店をオープン。無添加、手作りにこだわった体に優しいベーグルが大人気に。

★栄養士から大人気のアロマセラピストに

栄養士として活躍していたゆうこさん。職場の人間関係に疲れ果てていたが、自分らしく生きていきたいと独立を決意。体に良い食事も提案するアロマセラピストに。

イベントでも多数声がかかる人気ぶり。

★家業の日本茶で「世界進出」を実現

老舗の日本茶会社を引き継いだ邑彩《ゆい》さん。信頼していた部下から理不尽に金銭を請求されたり、お金を盗まれたり。ときには同業他社に圧力をかけられ、さらには悪質な嫌がらせなのか、ホームページを乗っ取られることも。大ピンチになりつつも、体に良いお菓子とお茶にこだわり続けた結果、著名人に絶賛されるなどして人気ブランドに。夢だった「世界への店舗進出」が始まっている。

これらのみなさんはほんの一部です。みなさん、出会った瞬間はブラックさんに関わる大きな悩みを抱えていらっしゃいました。

ブラックさんに人生を支配されていたのです。

「その後の人生で夢をかなえる」なんて、もちろん1ミリも想像していらっしゃらなかったでしょう。

ですから、もしもいま、あなたがブラックさんや「隠れ悪魔」によって、やりたい行為を押さえつけられ、自分を犠牲にしていたら。

あるいは、「自分にも悪いところがあるから……」とか、「私が我慢すれば状況はラクになるから……」とか、無意識に考えていたら。

断言しますが、

自分を「犠牲」にすることでラクになるより、自分を「我慢せず」にラクになるほうが、

むしろ簡単にラクになれて、劇的に変わるのです。

そして、ホワイトエネルギーをまとっている善良な人がはっきりとわかるように、**ブラックエネルギーをまとっている人も明確にわかります。**

先述したように、私はブラックエネルギーに大きく包まれている人の鑑定を間違えたことは、過去一度もありません。

だからこそ、ブラックさんがお客さんとしていらしたときは、なかなかに大変です。カウンセリングするときは、私自身も強い覚悟が必要となるのです。

悪魔はそこにいる！

体験談 3-①

賢くて、行動力もある私たちを不幸にする典型的ブラック人間

ハシモトさん（仮名） 経営者 50代

「お待たせしました」

私は笑顔で挨拶をし、座ってもらう椅子をひいて席にご案内をしました。

「どうも」と頷いて、カバンを大事そうに胸にかかえたまま男性は席につきます。

「お飲み物は何にされますか」

メニュー表を見せて私が尋ねると、

「じゃあ、ホットコーヒーで」

そう小さな声でぼそりと答えて、その男性は隣の椅子に、その大事そうなカバンをゆ

つくりと置きました。

その隙《すき》に、私は、**心のスイッチをパチリと切りました。**

無機質なロボットになったつもりで……。

席にご案内したときには、すでに私の体は彼のブラックエネルギーに反応していました。

地面が揺れているのか、自動でこの体が揺れているのかわからないような、グラグラと世界が揺れる感覚を覚えていたのです。

自分の体が、無意識に震えている……。

そのとき同時に、誰かの意識が流れ込んできました。

キッチンのカウンターと、広いリビングが見える……。

そこで、誰かが頭がおかしくなったように**大きな怒鳴り声**をあげている。おそらく、このハシモトさんだろう。

モノが割れる「ガチャン！」という音。

ドアを思いっきり強く閉じたときのような「バンッ！」という音。

そばで誰か女性が「ぎゃー」と叫んでいる。小学生くらいの**女の子の叫び声**のようにも聞こえた……。

「お父さん……怖い……」

やはり、このハシモトさんの娘さんだろう。胸の真ん中あたりでその子の声が聞こえ、次にその子の恐怖や戦慄の感情が私のなかに入ってきました。

続いて、彼の背後から、**強烈なブラックエネルギー**も感じました。

彼のことを恨んでいるエネルギー。

ひとりではなく、

おそらく10人以上はいました。

愛されている人の背後にホワイトエネルギーが見えるのと同様に、憎まれている人の背後には怨念のブラックエネルギーがハッキリと見えるのです。

彼のブラックエネルギーは、**黒い羽を広げているようにも見えました。**その黒い羽からは、書くのも憚られる残酷な景色さえ見えたのです。

彼は経営者だと言いました。

体に寄り添うように馴染んだスーツの袖口からは、高級時計が顔を出しています。ポケットからハンカチを取り出し、額とこめかみの汗を拭った日焼けしたその手の甲はわずかに震えていました。

ここ数年、彼の会社は利益を上げ続けており、順風満帆でしたが、**なぜか従業員が次々とやめていく。**

どうにかならないものか、と悩んでいらっしゃいました。

彼の「頭」のエネルギーはとても広く、頭脳明晰でした。最新の情報をいち早く読み取り、自分のものにして発信することができるのです。

しかし、「心（スピリット）」のエネルギーは小さく、真っ黒に見えました。「体」のエネルギーは広がって見えます。目的を達成するために、非常に行動的であることがうかがえました。

これまで見てきた

周りを不幸にしていくブラックエネルギー

のお手本のような男性でした。

「もしかしたら最後までカウンセリングすることができないかもしれない……」

私はブラックエネルギーの邪悪さに、一瞬くじけそうになりました。

しかし、私がブラックエネルギーから逃げては、ホワイトさんが犠牲になってしまう。

それだけはダメだ。

そう決めた私は、再び心のスイッチを切り、男性の奥深くへと入っていきました。

重篤な感染を浄化する たったひとつの方法

さて、話の途中ですが、少しだけこの手のブラックさんに出会ったときに、気を付けてほしいことをお話しいたします。

第1章でも登場しましたが、
こういった隠れ悪魔は頭脳明晰なので、最初はいい人に見えます。
「頭と体のエネルギーが大きく、心のエネルギーが小さい人」に多いパターンです。
ですが、彼のようなブラックさんのウイルスに感染すると、誰もが悪い影響を強く受けてしまいます。

感染が進んでいくほど、心も体も蝕まれていきます。
78ページで紹介したような「心を1秒も使わない」といった方法が通用しなくなり

ます。

フィジカル的には体調不良の日が増え、メンタル的には「生きづらい」と感じる症状が現れます。

生きる気力や意味をなくしていくのです。

もしもそんな事態に陥ったら、どうすればよいのでしょうか。

ブラックウイルスを浄化する荒技をご説明します。

対ブラックさん
護心術
5

苦しみを「正しく」味わう。

あなたが深刻なレベルでブラックウイルスに感染している場合、初めにやってほしいことは

苦しみをしっかりと味わう

ことです。

苦しみを味わうなんて、苦しんでいる人に対してどれだけ残酷なことを言うのだろうと、思われるかもしれません。しかし、苦しみを味わうことは決してネガティブな行動ではないのです。

なぜ味わうことが必要なのか。

それは**心の奥底にある「あなたの情熱」**に触れるためです。

ブラックウイルスに感染していると、かつて燃え盛っていた情熱の炎は、心の奥底へと隠れてしまいます。

しかしそれは、あなたの素晴らしい宝物であり、あなたを守るものにもなります。真っ黒な森で迷子になっても、足元や行き先を照らしてくれるランプになるのです。

苦しみを味わうため、あえて時間を作ってください。

そして必ずひとりでおこなってください。

自分の苦しい思いを、存分に吐き出すのです。

初めは、怒りや悔しさ、さまざまな気持ちが胸のなかをぐるぐると駆け巡ることでしょう。

「なぜ、私がこんなにツラい思いをするんだろう」と考えていくと……。

じつはあなたが相手に理解してほしかった、仲良くなりたかった、その人に好きになってほしかった、という過去が見つかるかもしれません。

ですが、**他人の心をコントロールすることは不可能です。**

きっと聡明なあなたなら、いつか気付くでしょう。

「他人のことだから、思いどおりにはならなかったんだな……」と。


さらには、あなたに「想いがある」「心がある」からこそ、つらくなっていたことに気付くかもしれません。

「**仲良くしたいと思った自分には、心がある。**決してみじめに感じなくていい」と気付くことが、何よりも尊いのです。

その気付きは、のちのち、あなたをブラックエネルギーから守り続ける「宝物」になる可能性があります。

次第に相手に心がないことが見えたら、その相手から受け取るものが何もないと気付けるはずです。

このとき、恨みつらみの愚痴であろうが、どんな醜いと言われる言葉遣いであっても、かまいません。

感情のおもむくままに全身全霊で感じていることをぶちまけます。

大きな声で叫んでもいいのです。

Fワードと呼ばれる汚い言葉でも構いませんし、泣きわめいても大丈夫です。

この時間はどんな自分も許し、受け止め、解放してあげてください。

決して自分を「こんな悪口を言うひどいやつ」だとか、ジャッジしないでください。

あえて苦しみを味わう時間なのです。

あなたの味方は、あなた自身です。

この時間は悪口であろうが、なんであろうが悪い言葉を使おうが気にしないでください。

本気で自分に向き合う、素晴らしい時間なのです。

次第にその空間には、本気で自分に向き合うホワイトエネルギーが現れてきます。

それこそが、あなたが心の奥底に閉じ込めてきた「**情熱の炎**」です。

ブラックウイルスを退治できるエネルギーなのです。

郵 便 は が き

料金受取人払郵便

新宿北局承認

9197

差出有効期間
2026年 4 月
30日まで
切手を貼らずに
お出しください。

169-8790

174

東京都新宿区
北新宿2-21-1
新宿フロントタワー29F

サンマーク出版愛読者係行

ご 住 所	〒 都道府県	
フリガナ		☎
お 名 前		(　　　)
電子メールアドレス		

ご記入されたご住所、お名前、メールアドレスなどは企画の参考、企画用アンケートの依頼、および商品情報の案内の目的にのみ使用するもので、他の目的では使用いたしません。
尚、下記をご希望の方には無料で郵送いたしますので、□欄に✓印を記入し投函して下さい。
□サンマーク出版発行図書目録

愛読者はがき

1 お買い求めいただいた本の名。

2 本書をお読みになった感想。

3 お買い求めになった書店名。

市・区・郡　　　　町・村　　　　書店

4 本書をお買い求めになった動機は?

・書店で見て　　・人にすすめられて
・新聞広告を見て(朝日・読売・毎日・日経・その他=　　　)
・雑誌広告を見て(掲載誌=　　　)
・その他(　　　)

ご購読ありがとうございます。今後の出版物の参考とさせていただきますので、上記のアンケートにお答えください。**抽選で毎月10名の方に図書カード(1000円分)をお送りします。**なお、ご記入いただいた個人情報以外のデータは編集資料の他、広告に使用させていただく場合がございます。

5 下記、ご記入お願いします。

ご職業	1 会社員(業種　　) 2 自営業(業種　　) 3 公務員(職種　　) 4 学生(中・高・高専・大・専門・院) 5 主婦　6 その他(　　)		
性別	男・女	年齢	歳

ホームページ　http://www.sunmark.co.jp　ご協力ありがとうございました。

思う存分に苦しみを吐き出したら、深呼吸をしましょう。

ゆっくり心を落ち着かせれば、「何も悪いことをしていない」自分にちゃんと気付けるはずです。

自分が自分のことを信用しないで、誰が自分を守ってくれるでしょうか。

「心がある自分」は決してみじめではない、決して自分を責めてはいけない、のです。

きちんと「心ない残酷な存在」がいることを味わい、そのブラックエネルギーを感じる自分の感情を素直に受け止めましょう。

それがあなたの「情熱」というホワイトエネルギーを生み出し、**心の浄化作用**につながっていきます。

悪魔はそこにいる！

体験談 3-②

ホワイトさんに逃げられた隠れ悪魔の末路

さて、強烈なブラックエネルギーをまとったお客さん、ハシモトさんの話に戻ります。彼に恨みを持つ何人ものブラックエネルギーが、ハシモトさんの周りにはハッキリと見えていました。

ご本人にお話を詳しく聞かずとも、その恨みのエネルギーたちから、ハシモトさんがどんな人間かが伝わってきたのです。

地位や権力、利益を得るために、有能な人たちの仕事を**横取り**する。

自分の立場を危うくするような都合の悪い人間には理不尽に**嫌がらせ**をし、精神的に追いやる。

相手の心理を巧みに読み取り、誰からも知られぬように裏で**籠絡《ろうらく》する**ための計画を立て、実行する。
表面的には**素敵な人を装う**演技能力にも長けている。
おおむね、そのようなイメージが見えました。

しかし、すべてを手に入れたような順風満帆な生活は、彼の本質をあらわにしたのでしょう。
うわべだけの綺麗ごとを並べたような言葉や、見せかけの行動は、月日が経過すれば簡単に剥がれ落ちてしまいます。

思いどおりに人を支配することができなくなってしまったのでしょう。

まっすぐで感情をすぐに表に出す社員は、彼と喧嘩になるかもしれません。そして、会社を辞めてしまうはずです。

要領が良く知恵のある人は、うまく理由をつけて彼の下《もと》から去っていくでしょう。

自分を犠牲にしてしまう優しい人たちは、周囲の人たちに迷惑をかけてはいけないと思い、辞めることもできず、心を病み、体力的にも力を消耗していきます。

次第に働けなくなり、会社を辞めていくかもしれません。


彼のブラックエネルギーを体に吸い込まないように、私は鼻と口を両手で押さえて、まぶたを閉じて霊視をしているフリをしました。

けれど、心のスイッチを何度消しても、私の体は壊れそうになり、目尻から涙がこぼれました。

そうして必死に耐えながら、**ようやく私は目を開けて、ハシモトさんに見えたままのブラックエネルギーの様子をお話ししました。**

いきなり、「悲鳴や怒鳴り声、モノが割れる音が聞こえる。恨んでいる人の顔がたくさん見える」と言われたら、普通の人だって怒り出してもおかしくありません。

ましてや相手は「隠れ悪魔」クラスのブラックさん。

いつ殴りかかられても
おかしくない

と思いながら、正直にお伝えしたのです。

恨まれている人の怨念で、真っ黒に見えていること。

暴言、不平不満、悪口を言うことで、ハシモトさん自身が余計に真っ黒になってしまっていること。

ひどいことをした従業員さんや家族に対して、いまからでも謝ったほうがいいこと。

すると――。

ハシモトさんは、意外なほど素直に
「……じつは……おっしゃるとおりです……」
と事態を認められました。

仕事では、昔から成功することがこの世界で唯一の正義だと信じていて、さまざまな謀略を尽くしてきたこと。

家庭にも仕事感覚を持ち込んでしまい、奥様やお子さんにモラハラや暴力などのDVをしてしまっていたこと。

そしていまは、会社の退職者に歯止めがかからず、すべての物事に対して疑心暗鬼に陥ってしまっていること。

ハシモトさんのお顔をよく見ると、白目の部分が血走って赤黒く濁っていました。

思いどおりにならない現実に、欲求不満で血走った目を開けたままだったのでしょうか。

寝られていない様子がうかがえました。

自律神経が乱れ、感情のコントロールがうまくいかないのだと思います。

「眠れていないのですね」と私が問いかけると、

「ええ、そうなんです……」とうつむいて答えられました。

妻と子供は実家に戻り、現在はひとりで暮らしているということでした。

だから、もう手をあげていないので大丈夫だ、ともおっしゃっていました。

また仕事面では、彼女でありビジネスパートナーでもある女性にお金を借りていて、その彼女と別れることになった場合、**会社も失うのではないかと不安で眠れない**ということでした。

同情はできませんが、彼なりの苦しい事情を明かしてくれたのです。

1ヶ月後、ハシモトさんは再びお見えになりました。

前回よりもずっと素直になっていらっしゃいました。

けれど――。


「謝ることができませんでした……。**どうしても謝れない。**自分自身の欲深さや傲慢さも承知の上ですが……どうしても謝りたくないのです」

「正直に言って、他人のことは……本当にどうでもいいと思っているんです……」


そんなふうにお話しされていました。

そのことを長年、隠し続けて生きてきた、とも。

そのときは、両手で目を隠すようにふさぎ込み、お顔も赤く染まっていたように見えました。

「自分を変えることはできない……。どうしたらいいのか……」

そう、何度も繰り返してつぶやいていたのも印象に残っています。

その後、3度目のカウンセリングにはいらっしゃらなかったので、彼がどうなったのか、消息は存じ上げません。

私にブラックな面をカミングアウトしたことが、彼にとって浄化の一環になっていることを願ってやみません。

ブラックエネルギーを表現するならば、**「小さくて狭い空間で、底なし沼のようにどこまでも続く暗闇の世界」**です。

明かりのない真っ暗な闇のなかでは、前が見えません。

先が見えません。

生きがいを感じられません。

希望が見えません。

生きていることを感じることができません。

そう感じているブラックさんの心のエネルギーは、さまよい続けている**悪魔**と同じように見えました。

第 3 章

悪魔と向き合った日

生まれて初めて出会った悪魔

「こっちを……見るな」


オドオドとおびえている様子のその悪魔は、「**近寄るな、関わるな**」と言っているように見えました。

その顔は、魚のアジの顔のようでした。

目が大きくて、顔から飛び出しています。

両頬は骨が透き通って見えました。

体は人間と変わりません。

小さな納屋のなかで、もくもくと魚をさばいています。

その悪魔の足元や床の上には、あちらこちらで小魚がぴちぴちと跳ねていました。

映画『ロード・オブ・ザ・リング』に出てくる〝ゴラム〟に雰囲気は近かったように思います。

しかし――。

グロテスクで恐ろしい顔をしていましたが、悪魔が来るときに感じる胸のざわつきや、耳鳴りもしませんでした。

気分も悪くなりません。

私はその悪魔が助けを求めているような気がして、どうしてだか、そばに行こうとしたのです。

けれど、悪魔は私を拒絶するかのように姿を隠そうとしたので、嫌がっているなと気付き、そばに行くのをやめました。

その悪魔は長い間ひとりぼっちで小屋に閉じこもり、心を閉ざしているかのように思えました。

その悪魔を見たとき、私がスピリチュアルカウンセラーになって20年は経っていたと思います。

初めて怖くない悪魔に出会いました。

水木しげるさんの漫画に出てくる妖怪たちは、怖いですがどこか可愛らしいところもあります。

しかし、実際の悪魔たちが放つブラックエネルギーに可愛らしさは1ミリもなく、ただただ恐ろしく、禍々《まがまが》しいもの。

優しさも、思いやりもひとかけらもないのです。

ですから、「怖くない悪魔」に出会ったことは、私にとっては、**天地がひっくり返るほどの大事件だったのです。**

この出来事が後々、悪魔を完全に克服できるきっかけになったのですが——。

その前に、急いで取り組まなければならない問題が発生しました。

持病とも言える「ある悩み」について、です。

というのは、悪魔を至近距離で見かけたり、私のそばに悪魔が近寄ってきたりするたび、

必ずその後、私の周りに不幸なことが起こるのです。

悪魔が来れば、不幸が訪れる。

たとえ生まれて初めて「怖くない悪魔」に出会ったとしても、その摂理は変えられないだろうと感じました。

「どうにか……しないと……」

悪魔に遭遇すると何が起きてしまうのか

本物の悪魔について誰かに話すことは、生涯ないだろうと思ってきました。

ましてや書籍を出してお伝えするなんて、まったく想像すらしていませんでした。

しかしこれは、幼少期からずっと経験してきたことなのです。

私は普通の人よりは少しだけ霊視ができるので、どれだけ悪魔の攻撃がツラいものであっても、事前に、この状況に身構えることができます。

しかし、ホワイトエネルギーに満ちた善良な人たちは、身近に悪魔が現れても、気付くことができません。

ましてや見ること、身構えること、防御することもできません。

それならば――。

悪魔とブラックエネルギーにきちんと言及すること、その姿ややり口をきちんと説明することが、ホワイトさんを守るために必要不可欠だと気付いたのです。

「怖くない悪魔に出会った話」の途中なのに、すみません。

少し長くなりますが、さらに昔にタイムトラベルをして、**私がこれまで見てきた世界を追体験して**いただければと思います。

悪魔を知ることは、善良なあなたの心を守ることにつながります。

どうか、怖がらないで目を開いていてください。

悪魔はそこにいる！

体験談
4

耳が聞こえない……悪魔の僕《しもべ》は笑いながら近づく

Rin（当時 小学3年生）

天気予報で「明日、雨が降ります」と言われれば、たいていは雨が降ります。

同じように「明日、不幸が起こります」というお知らせが私にはあります。

悪魔の出没が、そのお知らせです。

すると、不幸が頭上から降り注いできます。

雨が降ることがわかっていれば、事前に傘を用意して濡れるのを防ぐことができます。

けれど、不幸の雨を防ぐ傘はありませんし、雨宿りしたり逃げ込めたりする場所もありません。

全身が不幸でびしょ濡れになります。

夜中に悪魔の嫌がらせを受ければ、翌日もしくは数日してから、不幸が必ず起きました。

その夜は、背後から悪魔が近づいてきて、私の髪の毛をグイッと強く引っ張ってきたのでした。

その力は強く、両目が吊り上がるほど引っ張り上げられました。

足や腕をつかんでベッドから引きずり落とそうとしたり、笑いながら首を絞めてきたりしました。

その悪魔は私が苦しそうにすればするほど、怯《おび》えれば怯えるほど、**楽しそうな様子でした。**

小学校3年生のときに担任だった植木先生は、知っている大人たちのなかでいちばん安心できるホワイトさんでした。

いつも教室中に響きわたる大きな声で、同じことを丁寧に繰り返し教えてくれるのです。

大きくて優しい声が響くのと同時に、植木先生のホワイトエネルギーも教室中に広がって見えたものです。

しかし、悪魔に髪を引っ張られた翌日は、**朝から植木先生の声がまったく聞こえてきませんでした。**

先生が何を言っているかまったくわからず、話している内容が頭に入ってこないのです。

黒板の字も、何を書いているのか、理解できませんでした。

授業の始まりと終わりを告げるチャイムの音すら、いつ鳴ったのかわからないほどでした。

「来た……悪魔のお知らせだ……」

全身がピリピリと緊張していました。

心臓がドクドクと高鳴り、まるで耳の奥すぐのところに心臓が付いているかのように鼓動が聞こえてきました。

「生身の人間の姿をした悪魔たちは、これから私をどうやって苦しめるんだろうか……」

そう、ぼんやり考えました。

それまでの経験上、これから始まるであろう不幸のストーリーを頭のなかで勝手に描いてしまうのです。

こういうとき、悪魔たちは事前に計画を立てているに違いありません。

きっとテレビドラマでもよくあるような展開になるでしょう。

そして、給食の時間が終わった頃、**事前に描いていたストーリーどおりに現実も展開していきました。**

「ねぇねぇ。学校が終わったら、校門の裏にある駐車場に来てくれる？　一緒に遊ぼうよ。ぜったいに来てね」

そう話しかけてきたのは、表向きは仲よく、ときどき話をするくらいの友達だったA子ちゃんでした。

わかりやすい偽りの微笑みを浮かべていました。

そして、彼女の後ろ側には、悪魔が何匹か実体化しているのが見えました。

悪魔はブラックエネルギーに感染した人間に、ピッタリ憑依しています（137ページのイラストにも悪魔がいます。ご参照ください）。

そうして、あの手この手でホワイトエネルギーを潰しにかかります。

悪魔にとって、**ホワイトエネルギーがブラックエネルギーに闇堕ちしていくのは、楽しくて仕方がない現象なのです。**

指定された駐車場のそばには、職員室とつながる渡り廊下がありました。

渡り廊下を通らなければ、先生たちも職員室に出入りできません。

こんな場所で何か騒ぎがあれば、すぐに先生の誰かに見つかってしまいます。

私にはピンと来ました。

「なるほど……子供に憑依した悪魔は、先生を困らすことも楽しみのひとつなんだな」

そして、

予想していたことは現実のとおりになりました。


A子ちゃんは友達を5人引き連れて駐車場にやってくると、突然私の太ももあたりをバシッと蹴り、さらにはボコンと殴ってきました。

それから髪を引っ張られて、お腹を蹴られて、掃除のほうきの棒で頭と脚を叩かれました。

途中から、誰にやられているかは、もはやわかりませんでした。

小学校3年生の力とはいえ生身の人間ですから、リンチされるのはもちろん、とてつもなく痛かったです。

体も、心も。

元凶となったA子ちゃんに対して、私は一度も悪いことをしたことはありません。

悪口を言ったこともありません。

私の髪どめのゴムは、A子ちゃんに髪を引っ張られたときに、どこかに捨てられてしまいました。

彼女はいつも私の髪を触って、

「あなたのお母さんは美容師だから、いつも髪をきれいにしてもらっていいねー」

と笑顔で褒めてくれる子でした。

永遠にも感じられる暴力から必死に体を守り、彼女の顔をチラリと見た瞬間、状況はすべて把握できました。

（やっぱり、そうか……アンタだったか……）

前日の夜に、

私の髪を強く引っ張ってきた悪魔の顔と、
彼女の顔が重なって見えたのです。

「こら！　お前ら、何してる!!」

職員室に向かう渡り廊下から、またまた描いていたストーリーどおりの声が聞こえてきました。

ラグビー選手のような体格をした体育の先生が、私たちの異変を見つけてくれたのでした。

しかし、その瞬間――。

悪魔に取り憑かれたA子ちゃんは、先生の焦っている顔を見て……

嬉しそうにニヤリと笑っていました。

（やっぱりだ……先生たちも苦しめたかったんだ……）

砂まみれで擦りむいた自分のヒザを眺めながら、ようやく終わった不幸にホッと胸を撫で下ろしました。

このように私は、「悪魔を見る」「不幸が起こる」という現象を、幼少期から何度も経験してきました。

身近にある「黒い連鎖」に早めに気付く

ここまで読まれて、こんなふうに感じた人もいらっしゃるのではないでしょうか。

「いじめられっ子だったから、ツライ体験を何かのせいにしたくて、妄想の世界に逃げ込んでいるんだろう」

「子供時代にありがちな、内向的な性格や妄想癖のひとつなのでは？」

もちろん、そう捉えていただいても構いません。

ただ、そう思われる方にもひとつだけ覚えておいていただきたいのは、私の場合、**「物事の起こる時系列が逆」**になっています。

たとえば、いじめやトラブルが起こった後に、それをブラックエネルギーや悪魔のせいにしているのであれば、妄想だと思われることもあるでしょう。

ですが、私の場合は順番がまったく逆。

悪魔が現れた直後に、トラブルが起こる

のです。

たとえ平穏無事な日々が100日続いていたとしても、悪魔が間近に出現したならば、その翌日あるいは数日以内にとても不幸なことが起こってきたのです。

不幸自慢は誰も幸せにしませんので、当時の話はこの程度に留めておきます。

ここで重要なことは、

誰かが苦しみ、怒り、不安に思い、悲しむことが悪魔の大好物だということ。

第1章でもお伝えしたように、特にホワイトエネルギーを腐らせていくのが何よりの喜びなのです。

A子ちゃんは複雑な家庭環境にいた子で、その心の隙間にブラックウイルスが入りこんでしまったのでしょう。

私や先生たちが戸惑い、嘆いている姿を見て、「とても楽しそうに笑って」いたのです。

ブラックエネルギーの大元である悪魔は、ブラックエネルギーに感染しつつある人間に取り憑き、そのうちに心を完全に支配して「隠れ悪魔」にしていきます。

そして、「隠れ悪魔」はホワイトエネルギーを闇堕ちさせることが、たまらなく好き。

悪魔化したブラック人間のターゲットにされたホワイトさんは**不幸の沼地にズブズブと沈んでいくことになります。**

真っ黒な世界の連鎖が起こっていくのです。

ブラックウイルスをふんだんに含んだその真っ暗な沼の底に、私も長い間沈み込んでいましたから、わかるのです。

なんとか脱出したときには、すでに体がボロボロになっていました。

体が回復するのにも、10年以上かかりました。

ですから、いまどこかで苦しんでいるホワイトさんに、私のようになってほしくないのです。

私がドロドロの沼地を抜け出せたのは、私の心の奥底に沈んでいた情熱に触れた瞬間でした。

「本当は、幸せになりたい」

体の内側から聞こえる心の声に、素直に従い始めたときから、私はブラックエネルギーの沼地を脱出することができました。

対ブラックさん
護心術
6

ブラック人間にやられた記憶を何度も口に出さない。

もし、あなたがブラックさんの沼地から脱出できている、あるいはもうすぐ脱出できそうだとしたら、ぜひお願いしたいことがあります。

それはブラックさんとの間に起こった

「ツラかった出来事を繰り返し、説明しない」

ことです。

嫌がらせを受けた経験があると、そのツラい記憶を思い出して感情的になってしまうのは普通のことでしょう。

しかしじつは、その行為すらも**ブラックエネルギーや悪魔の栄養分になってしまうのです。**

ブラック人間にやられたツラい経験に文句を言い続ける人を、たくさんカウンセリングしてきました。

その方々のなかには、恨みで心のなかを占領されてしまい、身動きできなくなっている人も多くいらっしゃいます。

相手を裁きたい、という負のエネルギーに時間を使っていると、ブラックウイルスが増殖していき、危険です。

そのような方の背後には、**恐ろしい悪魔の姿が見えることもあります。**

不幸や恨みに心を支配されぬように、注意していただきたいのです。

あなたは、世界の誰からも支配される存在ではないのですから。

人間からのリベンジ開始 悪魔の心深くに潜ってゆく

さて、長かったタイムトラベルを終えて、時計の針を戻しましょう。

私が、人生で最初の「怖くない悪魔に出会った」ときのことでしたね。

その悪魔は、魚のアジのような顔をして、どこか助けてほしそうな雰囲気を持ちながら、同時に「こっちへ来るな」という拒絶の空気も出していました。

「近々、必ず不幸な出来事が起こってしまう……。どうしたものか……」

私は、大いに焦っていました。

というのも当時、私の息子が学校で長い間、さまざまな対人トラブルに巻き込まれていたからです。

「もし何か不幸なことが起こるとしたら、**現時点でいちばん可能性が高いのは、息子にまつわることだ！**　絶対に防がなければ……」

私は、保護者会から学校の先生たち、スクールカウンセラーから教育委員会まで、それでもダメならと、文部科学省まで相談しに行きました。相談のために動きました。

その結果は――。

残念ながら「不幸なお知らせ」に対しては、どんな対策も、現実を変えることができませんでした。

詳細は記しませんが、私たち家族は不幸な出来事に見舞われたのでした。

けれど、そこから私に火が付きました。

「このまま悪魔にやられっぱなしで、良いわけがない」

今度悪魔が近くに現れたら、静かに、冷静に、**悪魔の心のなかを観察してやろう**と覚悟を決めたのです。

自らブラックエネルギーのドロドロした沼地に入り込んでやる。

「怖くない悪魔」にだって出会えたのだから、

「悪魔が怖くなくなる方法」にだって、いつかは出会えるはずだ。

これからは絶対、恐れてやるものか。

負けてたまるものか。

そう固く決意しました。

戦う相手は悪魔ではなく、長年、ブラックエネルギーに怯えてきた私自身だったとも言えます。

3匹の悪魔がこちらを探している

ついに、その日はやってきました。

何週間か経った頃、私の周りに**3匹の悪魔**が姿を現したのです。

その悪魔たちには、目が付いていません。

匂いを嗅いで、こちらを探しているようでした。

その時点ではそれほど禍々しいオーラは出していませんでしたが、もしこちらが少しでも悪魔に恐れを感じたのであれば、**その恐怖心に反応して、いつでも恐ろしい存在に変貌する**雰囲気がありました。

私は人間の相談者さんをカウンセリングするときのように、意識を集中させました。

深呼吸をして、頭のなかを空っぽにします。

無感情になった先に、その相談者さんの**心（スピリット）につながる空間**があります。

その空間に行くことは、私にとってそう難しいことではありませんでした。

幼少期から今日までコツコツと、感覚をコントロールできるようにずっと訓練し続けているからです。

10秒ほどで、悪魔の心につながる空間に入りました。

じつは、悪魔の心につながるその直前、「何が見えても、受け入れよう」と私は決めていました。

長年、ホワイトさんたちや私を苦しめてきた悪魔を、最初から悪いものだと断罪することはやめよう。

宿敵とも言える憎らしい存在ではあるけれど、「怖くない悪魔」だって、なかにはいるのだ。

それに、ブラックエネルギーに憑依された人のなかには、親から虐待を受けてきた（ことが私には見えていました）ツライ経験をもつ人だっているのだから。

のっけから差別することなく、愛することもできるよう、**なんでも受け入れられるように準備していました。**

そうして見えた「悪魔の心のなか」は……

優しさも、
思いやりも、
何も感じない……。

温かさも、
冷たさも、
感情のかけらも、
まったく感じない……。

ただただ空っぽで、
暴力的と言えるほどに暗く、
無機質なものでした。

どこまで歩いても出口のない
真っ暗な洞窟にいるかのようでした。

体の中身も、
トイレットペーパーの芯のように
筒状の空洞に見えたのです。

悪魔のなかに何を見たとしても「すべてを受け入れよう」としていた私の覚悟は、ある意味、無駄だったとも言えます。

なぜなら

悪魔の心には「何もなかった」のですから！

しかし、その事実は同時に、私にとっては光明でもありました。

「相手に心がないのであれば、こちらも心を使わないでいよう」

「悪魔のブラックエネルギーを意識せず、刺激を与えないようにしよう」

そのように対処することに切り替えられたのです。

たとえば道を歩いていたら、至近距離でばったりとカラスに遭遇したときのことを想像してみてください。

こちらが動けばカラスを刺激しますし、嫌がってしまうとその感情をカラスも読み取るような気がしますよね。

それと同じように、私は悪魔の心に対して、

余計に怖がらず、意識もしないで、無感情になるよう努めました。


警戒心や敵意が消えて興味を示さなくなったカラスがどこかへ姿をゆっくりと消していくかのように、しばらくすると3匹の悪魔たちは、私に何も嫌がらせをしないですーっと姿を消したのです。

「なるほど。何も反応しなければいい、ということか……。怖がらないぞ、という対

抗心すらも無意味なのだ……」

このとき、

何十年も苦しめられてきた悪魔への対処法が、初めて理解できたのです。

怖がってはいけない。

意識してもいけない。

目の前に現れた答えがあまりにもシンプルすぎて、私はしばらくの間、呆然としていたことを覚えています。

そして、3匹の悪魔が立ち去ってから数日経っても、私の周りに不幸な出来事は**何も起こりませんでした。**

さてここで、第1・2章でお伝えしたことを、少し振り返ってみてください。
ブラック人間から「あなたの心を守る」ための対処法は、何だったでしょうか。

護心術①「相手とわかり合える」とは絶対に思わないで！
護心術②心を1秒も使わない。関係性も良くしない。
護心術③あなたの「新しい情報」をひとつも渡さない。
護心術④好きなことに一点集中する。
護心術⑤苦しみを「正しく」味わう。

こうして並べてみると、おわかりだと思います。
これらはすべて現実世界の「ブラック人間」への対策でありながら、目に見えない「悪魔」から身を守るための対策でもあったのです。

対ブラックさん
護心術
7

簡単に「すみません」と言わない。よかれと思って相手を持ち上げない。

「私のほうも、ごめんね」

「気付けなくて、すみません」

こんなふうに**「謝り癖」**がある人は、いますぐやめるように心がけましょう。

ホワイトさんのなかには、その場の空気を和らげるために謝る癖がついている人がいます。

何も非はないのに、自分のミスではないのに。

こういう人はブラック人間のターゲットになりやすいのです。

素敵な性格とも言えますが、**本当に自分が悪かったと思うときだけ謝ればいいでしょう。**

また、ホワイトエネルギーの人は、とても**褒め上手**な傾向にあります。

「心（スピリット）」のエネルギーが大きな人は、他人の小さな変化にも気付きやすいからです。

そのため、一緒にいる人は心地よくなります。

ですが……。

「今回の件は、素晴らしいですよ」

「○○さん、さすがですね！」

あなたがもしも、そんなふうに周囲に声をかけることが多いのであれば、いますぐに控えたほうが良いでしょう。

ブラックさんが相手の場合、

よかれと思って適当におだてることは危険、だからです。

ブラックさんは、褒められると鵜呑みにする傾向があります。

ですから心地よくなったブラックさんは、知らない間に、**どんどんとあなたに依存してきます。**

かまってほしいとブラックウイルスをたくさん放出するようになります。

あなたがブラックさんよりも目立っていたり、評価が高かったりする場合はさらに注意が必要です。

ブラックさんや「隠れ悪魔」は、ドロドロした自己顕示欲を持っています。

あなたに褒められると自分が馬鹿にされたと思い、あなたに向けて、どんどんと悪戯を働いてきます。

最悪なのは、相手がモンスター化してしまうこと。

思いやりのホワイトエネルギーが広い人は、自分よりも心のエネルギーが狭い人と一緒の職場や家庭になってしまうと、**仕事をたくさん押し付けられたり、八つ当たりさ**

れてしまったりするのです。

ですから、安易に謝ったり、褒めたりする自分をセーブしてみてください。

仲間に何かミスがあったときは謝るのではなく、次に問題が起きないように行動で示してあげればいいのです。

わからないように、人に優しくすることを心がけることをお勧めします。

言葉で示さなくても、ホワイトさんの優しさは自然と周囲を癒しています。

周りの人は必ずあなたの行動を理解してくれるはずです。

妻の優しさに依存していくモラハラ旦那

本章の最後に、ブラックさんを克服したひとりの女性のお話をしたいと思います。

心（スピリット）のホワイトエネルギーにあふれた女性で、「相手を褒める」「よかれと思って優しくする」ことが常でした。

ですが、旦那さんが「隠れ悪魔」だったために、いつからか依存され、モラルハラスメントを受け続けるようになりました。

私はモラハラ被害者からも、たくさんのご相談を寄せられてきました。

パートナーがいつの間にかブラック化していたケースは本当に多いのです。

この女性のお話を通して、「ブラックさんに優しくする」「ブラックさんに心を使う」ということの難しさを実感していただければと思います。

悪魔はそこにいる！

体験談
5

高熱に苦しんでいてもワンオペ育児

香織さん　エステティシャン　30代

その日、カウンセリングを受けに来た香織さんの声は、**何を話しているのかわからないほどしゃがれていました。**まるで声帯がペンチで押し潰されてしまったかのようでした。

「体調は大丈夫なの？」

私が尋ねると、キョトンとした顔で

「え……？　何か……悪いものでも、取り憑いているんですか」

と、不思議そうに答えました。

声が異常に潰れていることに、全然気が付いていなかったのです。


耳鼻科に何軒行っても異常なし。

内科で検査しても異常なし。

最後は心療内科を勧められ、与えられた診断名は、**パニック障害**。

幼い子供たちをふたり育てながら働く彼女にとって、この診断は納得できるものでは、ありませんでした。

ですから、薬の服用も拒否したそうです。

すでに香織さんは、

何がしんどくてツラいのか、完全に感覚が麻痺していました。


自分が一体どうしたいのか、何も思い浮かばず、行動もできない状態。

まるで悪魔に心（スピリット）を奪われたかのように、頭が回らない状態になっていました。

病院によっては「鬱」と診断されていたでしょう。

余談ですが、**ブラックエネルギーに感染されると、なぜか「のど」の症状が悪化する方が多い**ように感じます。

確証はないのであくまで経験則なのですが、「のど」がセンサーになってブラックエネルギーとつながっている気がします。

ですから、ホワイトなお客さんがブラックエネルギーを連れてきたときなど、私の「のど」もグッと苦しくなることがあります。

香織さんの夫のKさんは、非常にわかりやすいブラックエネルギーの塊でした。

支配欲に満ちた典型的な「隠れ悪魔」です。

カウンセリングの席に座る前から、香織さんの背中にハッキリと見えていました。

高学歴ではないKさんは、自分に自信がないコンプレックスを持っていて、それを香織さんにぶつけていたのです。

仕事がうまくいかない時期がたびたびあり、そういう時期になると香織さんに八つ当たり。

ですが、**香織さんはイライラするKさんに優しく声をかけ、いつも励ましていたのだそうです。**

それがブラックなKさんからの「依存の始まり」でした。

八つ当たりするのを許していたら、どんどんモンスターに。

Kさんは、「愛しているなら、なんでも許してくれるはず」と勘違いしてしまったわけです。

ちなみに、ブラックさんも人を愛しているのですが、好きになる方向が基本的に「自己中心的」なのです。

Kさんは外では、ステキな旦那さん、いいパパという感じに振る舞います。

けれど家のなかでは育児や家事など、一切やりません。

家計への金銭的な協力もゼロに近く、自分勝手に好きなことをして過ごす人でした。

香織さんが40度の高熱で苦しんでいたときでさえ、

「オマエが寝ていたら、子供たちが遊べないだろうが」


というオレ様的なきつい言葉で八つ当たりする始末。

香織さんは、高熱でフラフラになりながらもひとりで、息子さんふたりを公園に遊びに連れて行ったそうです。

ちなみに、ブラックウイルス感染が重度になってしまうと、**謎の体調不良にも苦しめられることになります。**


またある日のこと。

香織さんの仕事が終わり、保育園に子供を迎えに行っていると、Kさんから怒鳴り声で電話がかかってきました。

「風呂が沸いていないだろうが！　もう服を脱いだのに、風邪ひいたらどうしてくれるんや！」

そのような調子で、どんどんと**モンスターへと変貌する**のでした。

何も考えられずに思考停止状態になっていた香織さんは、マイカーを運転しているとき、トラックに突っ込みたいと思うほど追い詰められていました。

ブラックウイルスに感染すると知らないうちに視野が狭くなり、**破滅的な行動**に傾いてしまうのです。

「優しくしない」の徹底でモラハラ夫をついに撃退！

しかし、香織さんの逆転劇はここから始まります。

あるとき、小学校2年生の息子さんが、つぶやいたのです。

「家を出たいよ。パパがもう限界……。**もう無理。**お母さんも毎日お父さんにギャンギャン言われたくないでしょ。離婚していいよ」

経済的なことが落ち着いたら離婚も……とチラチラ考え始めていた香織さんでしたが、息子さんのその言葉を聞き、「即座に」離婚を決意します。

ブラックエネルギーに支配されていた心が、バチンと目覚めたのです。

それからは、私からのアドバイスも参考にしながら、

「よかれと思って優しくはしない」

を徹底し始めました。

最短で離婚するための準備を着々と進め、Kさんに何を言われても**「簡単に謝らない」「無用に優しく接しなかった」**そうです。

Kさんのことは眼中に入れず、自分と息子さんの未来に集中したわけです。

（じつはブラックさんは、意外と気が小さいことも多いので、**不当ないじわるをされたら「ハッキリと、思いっきり言い返す」ことも解決策となります。**

ただし、なかなかそれをできない方が困っていることもわかりますので、無理はしないでください。「言い返す」「反論する」を継続できない人がやってしまうと、逆にブラックさんにやり込められてしまう可能性も高いのです）

当時を振り返って、香織さんは旦那のKさんのことを、

「好きでいないと、いけない」

そう思っていたそうです。

ホワイトさんはどこまでも優しいので、関係を築き上げていくために努力する傾向があります。

また、その努力を当たり前のように思っています。

当時の香織さんも「自分さえ我慢すればいい」という自己犠牲的な意識は持っておらず、ただKさんとの関係性を良くするために毎日必死だったそうです。

離婚家系であることから、「離婚してはいけない」「自分はちゃんと家庭を築かなければならない」とも思っていたそうです。

みなさん、これだけは覚えておいてください。

相手が隠れ悪魔だとわかれば、

「関係性を良くしなくてもいい」

のです。


その後、無事に離婚が成立。

離婚してから、初めて子供たちがお腹を抱えて笑っている姿を見た、とおっしゃっていました。

また、普段からいろいろな人の悩み相談を受けていた香織さんは、離婚後、その方々からも多くの助けを得ることができました。

人を癒すことができるその才能が認められ、大手の占い会社に合格。親しい人たちから場所を提供されたり、イベントに誘われたりと、順調に活躍の場を増やしていきました。

そのようにホワイトエネルギーがうまく循環し始めると、物事があたかもそうなる定めだったように、自然によいほうへと流れていきます。

香織さんは、**全国の大手占い館でも、わずか2ヶ月で人気No.1に。**

現在は芸能人を占うなど、**YouTubeの占い番組でも大活躍**しています。

体が完全に回復したのは離婚後数年経ってからとやや時間はかかりましたが、プライベートも仕事も充実した毎日を過ごしています。

第4章

宇宙と先輩と私たち

国も人種も超越した人生の先輩たちに会いにいく

さて、第3章の最後に登場した、モラハラ夫を撃退して人気占い師になった「香織さん」について、少し触れておきたいことがあります。

じつはカウンセリングしているときに、香織さんの背後から「大きな石と岩」が見えていたのです。そこで私は彼女に、

「大きな石と岩が見えるから、ルーン（天然石）を使ったらいいいよ」

とアドバイスをさせていただきました。

通常、占いではタロットカードを使ったものが人気で、ルーンの石で占いをする人はとても稀《まれ》です。

でも不思議なことに、彼女に占いの場所を提供して、イベントに誘ってくれる方が石の問屋さんだったり、彼女自身がパワーストーンをたくさん持っていたり。

何かに導かれているのが明らかだったのです。

これはきっと、香織さんを応援している**宇宙の先輩**がパワーストーン好きなのだな、と直感したのでルーン占いをご提案いたしました。

その後の大成功は、前述のとおりです。

宇宙の先輩というのは、かつて地球で暮らしていたご先祖さまたちのことで、文字どおり**「人生のセンパイ」**にあたります。

たとえば、学生時代にクラブ活動をされていた方も多いでしょう。

走ることが大好きな人は、陸上部に入ります。

陸上部では、速く走れるための体の鍛え方やフォームなど、さまざまな陸上のコツを先輩たちに教えてもらうはずです。

そして大会に出るときは、みんなで優勝するために、心をひとつにします。

宇宙の先輩はそういった、学生時代の先輩みたいなものなのです。

この場合であれば、

「速く走りたい」

「思いっきり体を動かしたい」

「自分を成長させたい」

そういった心の底から大好きだと思うものにつながっています。

つまり、先輩も**「同じ志《こころざし》」**を持ったエネルギーなのです。


私がなぜ、「ご先祖さま」とそのまま言わずに「宇宙の先輩」と呼ぶのか。

それには、ひとつ理由があります。

通常であれば、自分を見守り応援してくれるのは、同じ家系図にいて「血縁関係のあるご先祖さま」だと思いがちですが、

宇宙の先輩に「血縁」はまったく関係ないのです。
国籍、人種、性別もまったく関係ありません。
「同じ志《こころざし》」を持っている人が、
私たちの先輩になるのです。

あなたに似ていて、あなたより**少し経験が豊富な先輩たち**が、一緒に循環しているのです。

もしもあなたが「人生の先輩」だとしたら

もしも、あなたが「宇宙の先輩」になったとしたら――。
あなたは、**頑張っている後輩にどんなメッセージを伝えてあげるでしょうか？**

やりたいことがあり、叶えたい夢があるのに、後輩が動かずにくすぶっていたら、

「夢に向かって、思いっきり動いてくれよー」

と感じるのではないでしょうか？

少し経験豊富で、後輩の行く末を思うからこそ、後輩が動き出すまであの手この手で**いろんな試練**を与えたりするのです。

「憧れの自分に向かって、まっすぐ歩いていけばいいんだぞ」

「心と体で、目いっぱい感動していこうよ」

そう声をかけてくれる宇宙の先輩たちは、あなたのスピリットを輝かせてくれるコーチです。

そして、あなたが「人生の代表選手」なのです。

同じ志を持った宇宙の先輩
宇宙・霊界
描くんだよ
楽しんで
エネルギーを送るよ!
Fight!
がんばろう
循環
循環
やる気が出る!
今世
心は永遠に続いていく

親の借金返済に明け暮れる日々

宇宙や先輩とのつながり、今世や来世について、私が確信を深めたきっかけがあります。

最後に、少し長くなりますが、ある恩人とのお話をさせてください。

＊　＊　＊

20年以上前、私がまだ美容師もしていた頃に、さまざまな形で助けていただいた社長さんがいます。

とても大きな企業を経営していたケイコさんで、当時60代になった頃でした。

お顔が広く、広島の中心街でご商売をしている人であれば、知らない人はいない有名な方でした。

動物保護の活動を長く続けたり、こっそりと生活困窮者のサポートをしたりする方でした。

お店には、たびたびシャンプーとヘアセットのためにご来店くださいました。

額を出して、軽く浮かせるように前髪を高めにして、自然な感じで右側にだけ前髪を少し下ろしたらセット完了です。

趣味で「**社交ダンス**」をされていて、よく発表会にも参加されていました。

私のことを気に掛けてくださり、華やかなパーティーや食事会にご招待してくださったり、立派な漆《うるし》の桶《おけ》に入ったお寿司を毎月お店に届けたりしてくれました。

というのも私は当時、いつも**借金の返済**に追われて、大変苦しい時期を過ごしていたからです。

私が小学生のとき、両親が経営していた会社が倒産してしまい、その後、両親が離婚します。

美容サロンを経営していた父は、経営がうまくいかず、借金を残して姿を消してしまいました。

残された母が、1億円以上の美容室の借金を、ひとりで返さなければいけなくなったのです。

20代になった私が、母を助けようとお店を引き継いだときには、

借金が8000万円ありました。

美容室はとても繁盛していたので、毎月なんとか返済ができていました。

月々の返済額はおよそ200万円。

午後2時半すぎになると、お客さんがカラーや、パーマのヘアースチーマーにあたっている合間に、私はよく自転車に乗って、

「銀行が閉まる3時までに行かなきゃ……」

と銀行に借金を返済しに通っていたものでした。

その日の美容室で売り上げた現金を加えれば返済額にギリギリ達する、ということが何度もあったためです。

お客さんにはもちろん、お店のスタッフにも借金の存在を話すことができなかったので、

「また店長は、どこかに遊びに出かけたよ」

と、よく後ろ指を差されていました。

社長の洞察力に命を救われる

私は美容室のほかにも、いくつか仕事を掛け持ちしていました。

着物の販売。

健康食品の販売。

化粧品の販売。

アロマオイルの販売。

エステサロンの経営。

婚礼のヘアセット。

美容スクールの講師。

美容室がお休みの月曜日は、占い師をしていました。


しかし、私ひとりの力では到底、８０００万円もの借金の返済は無理でした。

毎日が暗闇で、不安で仕方ありませんでした。

何も感情が動かなくなり、何も感じなくなっていました。

長い間、私は鬱状態になっていたのです。

私はいつも「消えてなくなりたい」と思っていました。

何もしていないのに震えが止まらなかったり、常に眠たかったり。

37度の熱が3年間、毎日続いていました。

映画、ドラマ、本、雑誌、マンガなども、一度も見たいと思いませんでしたし、知人や友人にだって一度も会いたくありませんでした。

演技をして、作り笑いで誤魔化していましたが、体も心もボロボロでした。

そして女性社長のケイコさんは、ただひとり、**私がそんなふうに鬱になっていることを見抜かれた人でした。**

数年間、誰にも気付かれていなかったのに、ケイコさんだけはある日突然、

「ひとついいかしら？　あなた、もう、限界は超えているわよ」

と急所をついてこられ、その流れのまま、なぜか銀行の借入の保証人にまでなってくださったのです。

ご人脈の広い方なので、銀行や金融機関のみなさんにも、「Ｒｉｎちゃんを寛容に見守ってくださいね」とお願いして回ってくださっていたようです。

ケイコさんがいなかったら、間違いなく現在の私はいません。

きっと、鬱は治らず、破産をしていたでしょう。

文字どおり、命の恩人なのです。

肉体がなくなると、私たちはどうなるのか

2010年代に、ケイコさんは70歳前にして、ご病気で亡くなられました。

お葬式のとき、私は意識がどこかに飛んでしまいそうになるほど、大泣きをしていました。

人間は、あまりにも悲しいと本当に膝がガクガク震えて、体が崩れ落ちてしまうということを、初めて経験しました。

亡くなられた後からほんの数年前まで、私は自分の周りに、よくケイコさんのホワイトエネルギーを感じていました。

116ページでご紹介したように「人の想い」もホワイトエネルギーを発するので、私がケイコさんのことを愛しく思っていたり、反対にケイコさんが私のことを気に掛

けてくれていたりすると、ホワイトエネルギーとして現れるのです。

「**ケイコさんはエネルギー体となったいまも、私を見守ってくれているのだ**」

と嬉しくなったものです。

カウンセリングのときのように霊視をすると、ケイコさんはご趣味の**社交ダンスを楽しそうに踊られている**ようでした。

花柄のワンピースを、着ていらっしゃいました。

お元気そうな様子にとても安心しました。

噴水のある広いお庭に、**お花と観葉植物**がたくさん置いてありました。


そう言えば――。

まだお元気でいらしたときに、ケイコさんの事務所にうかがうと、ビルの階段に観葉植物がたくさん並んでいたなあ、と思い出したのです。

「この事務所、牢獄みたいで、暗くて、怖いでしょう。だから、お花や観葉植物を置いていたいのよ」

そうお話しになっていたことをふと思い出しました。

大きなお金が動いていた事務所で常にピリピリと警戒していらっしゃったので、きっと心休まる場所が「**お花と観葉植物**」だったのだと理解できたのです。

人は肉体がなくなると、心が霊界に行きます。

霊界に行くと、**自分の好きなことを続け、好きなものに囲まれるんだなあ**と、感じました。

ケイコさんが、たくさんのお花に囲まれて、楽しそうにダンスを踊っていらっしゃったからです。

そのとき――。

私は雷に打たれたような気持ちになりました。

ケイコさんの今世の課題はきっと「人助け」「花と生きる」「踊る」などだったのだ

ろう。

好きになるものは、霊界に行っても変わらない。

肉体がなくなってなお、その心は続いているのだ、と。


私にはホワイトエネルギーと宇宙の関係が、漠然と理解できた気がしました。

わかりやすくするために霊界という言葉を使っていますが、そこは別世界というわけではありません。

霊界も、宇宙のなかに存在しています。

もしもこの世で課題を果たすことができなくても、ケイコさんのように宇宙へ行き、「宇宙の先輩」となっても、夢は続いているのだと気付いたのです。

そして、もし私が今世で死んでしまっても、私が来世で夢や憧れを忘れないようにするには、今世を心から楽しむことが大切なのだ、と。

実際に、現在までカウンセリングの最中に**「先輩たち」が見せてくれたヒント**のおかげでいいアドバイスができ、相談者さんの人生が好循環していったケースは数え切れません。

そう思うと、**私たちの「心」は、まるで宝物のように感じたのでした。**

「心をときめかせ、輝かせることが何より大切」というのは

キレイゴトなんかじゃなかった!

人生が好循環してうまくいくためには、

「心のときめき」は絶対に必要な条件だったのか!

「年齢なんて関係ない。私の青春はこれからだ」

霊界のケイコさんが、そう言っているかのように楽しく踊っている姿を見られたおかげで、私は肉体が亡くなることは怖いことではないと思えたのです。

「自分らしく生きていけるかもしれない!」

私がようやくこの感情にたどり着いたときから、**もう霊視をしてもケイコさんには**

会えなくなりました。

最後にお目にかかったとき、少し寂しそうな顔をしていたのは、そういうわけだったのか、と気付きました。

私が心をときめかせて生きていけるようになったのを見届けて、宇宙の先輩としての役割を終えられたのです。

もう安心して宇宙に戻られたんだな、別の後輩のところへ向かわれたんだなと思いました。

「なぜ夢中になるべきか」その謎が解けた！

さて、本書でこれだけは絶対にお伝えしたいと思っていたことが、ふたつあります。

ひとつは最初に申し上げたとおり「ブラックさんからいますぐ距離を取ってください」ということです。

もうひとつは、

「あなたの心は永遠に続いていく」

ということです。

なぜ私たちは今世で、好きなものに夢中になって、心から楽しむべきなのか。

なぜ私たちは、心をホワイトエネルギーで満たすべきなのか。

これまで本書でお話ししてきたそれらの謎に、ようやく最後の種明かしをさせていただきます。

その答えは、

心が永遠に続く
エネルギー体だから

にほかなりません。

心は、肉体を離れた後も続いていきます。

まずは宇宙の先輩として、地球の後輩たち（これを読んでいる読者のみなさまや私です）を見守っていきます。

残念ながら、存命中には「今世の課題」をクリアできなかった先輩もいるでしょう。

そういう方々は、**同じ課題を持った地球上のホワイトさんを見つけて、宇宙から応援しに行きます。**

地球のホワイトさんが頑張っていれば、そのホワイトエネルギーはピカピカ輝いていて宇宙から丸見えなので、簡単に見つかります。

そしてめでたく「今世の課題」をクリアした先輩にとっても、その志や情熱は消えるわけではありません。

むしろ偉大な先輩として**もっと輝きを増し、ホワイトエネルギーを宇宙に循環させることに引き続き貢献していくのです。**

その後、宇宙の先輩にも、いつかどこかで地球上での来世がやってくるのです。

ホワイトさんの頑張りや努力は来世につながる

「課題、課題って、なんだか学校みたいで乗り気がしないなあ」

と思われましたか？

ごめんなさい、課題というネーミングがよくなかったですね。

私たちが取り組むべきなのは課題なんて難しいものではなく、
前世からの「大切な想い」であり、
あなたの「宝物」です。

「あなたの大切にしている想いは、宝物になる。ブラックさんに見せてはいけない」

と、本書のなかでも何度かお伝えしてきました。

何かに夢中になることは「宝物」を集めて、ホワイトエネルギーを大きくすることです。

そうして心をホワイトエネルギーでいっぱいにしていければ、心が肉体を離れた後も、あなたのホワイトエネルギーは大きいまま。

それが地球の後輩たちを助け、来世のあなた自身にもつながっていきます。

あなたの「心」はそうやって、

ホワイトエネルギーの好循環を生み出し続けるのです。

だから、もしあなたがいま、

「やりたいことがあるけど、失敗したくないから無理しないでおこう」

「何より楽しい趣味がある。
それを続けるためにも、嫌な仕事だけど我慢して続ける」

「家族のことや世間体を考えると、
夢や憧れなんて言ってられない」

そんな状況にいるとしたら――。
私から言えるアドバイスはたったひとつ。

「宇宙の真実は逆ですよ！
やりたいことのほうが、
むしろ失敗しませんよ！」

やりたいこと、楽しい趣味、夢や憧れ。

そちらを目指して夢中になるほうが、宇宙につながるホワイトエネルギーがどんどん循環して、人生がうまくいくようになっています。

そんなに心配しなくても、大丈夫。

何かに夢中になり始めたらすぐに、宇宙の先輩が気付いて、応援に駆けつけてくれますから！

謝辞にかえて

スピリットが最高に輝いている瞬間《とき》

「もう……彼の考えてることが、まったくわかりません……」

そんなふうに、ため息まじりでパートナーや恋愛相手との悩みを相談に来るお客さんがいらっしゃいます。

相談しに来た方はホワイトさんで、お相手の方もホワイトさん。

どちらもホワイトエネルギーにあふれているのに、なぜかコミュニケーションがうまくいっていないケースをたくさん見てきました。

こういうとき、相談者さんは**「頭」**のホワイトエネルギーが大きく、お相手は**「心」**

のホワイトエネルギーが大きいといったように、ふたりのエネルギーの性質にギャップが生じているケースが多々あります。

「頭」のエネルギーが大きい人は、頭脳明晰で、繊細な感覚を持ち、いろんなものを敏感に感じやすいタイプです。

ただし、その分だけ消耗して疲れやすくもあり、**生きづらさ**を感じています。

だから、一緒にいると「頭」を休めることができる、「心」のエネルギーが広い穏やかで優しい方に惹かれるのでしょう。

一方で、「心」のホワイトエネルギーが広い人のなかには、一般的に「**不器用なタイプ**」と呼ばれる方が多いもの。

彼らは嘘をつけないし、何事も誤魔化さないので、ときどき誤解されるような言動をとってしまうことがあるのです。

本人としては、いちばん誠実な態度を取っているつもりなのですが……。

「頭」と「心」のホワイトエネルギー。

こんな素敵なふたりが出会ったのに、エネルギーのタイプや性質が違うせいで関係性がうまくいかないなんて、宇宙規模でもったいないこと。

ですから、そういうときにはこうお話ししています。

「誰もがひとつだけ、心という**ボール**を持っています。

あなたが持っている心のボールは、当然、あなたのモノです。

同じように、お相手の心のボールも、お相手のモノですよね。

持っているボールを交換することはできません。

では、『大好きだ』『理解し合いたい』というのは、誰のボールでしょうか。

そうです、それはあなたが持っているボールです。

お相手のボール、ではないんです。

自分以外の心のボールは、決してコントロールできないものです。

『もっと好きになってほしい』『わかってほしい』と思うのはあなたの自由ですけれど、『あなたを好きになる』『あなたをわかりたいと思う』のは、いつまでもお相手のボールのまま。

あなたが動かすことは、できません。

そうだとしたら、私たちにできることはいったい何だと思いますか。

そう、私たちにできることは、**夢中で相手を好きでいること**。

それだけが、あなたの唯一持っているボールです」

* * *

最後に何を言っているんだろう、と思われたかもしれませんね。

ですがじつは、これこそが、みなさんがいますぐにできる「ホワイトエネルギーを輝かせる方法」なのです。

本気で誰かを好きになると、**最高にスピリットが輝きます。**

人を本気で好きになり、自分自身に集中してスピリットを輝かせていると、思いを寄せていた人との関係がうまくいくことは多々あります。

また、あなたのエネルギーの質が変わっていけば、あなた自身の目線や景色も変わっていくでしょう。

そうすると、本当に心から大好きな人が見つかることだってあるのです。

何かを好きになる、誰かを好きになる、その行為に限界はありません。

そしてそれは、「誰」に対してでも構いません。

恋人やパートナー。

親やお子さん、ご親族たち。

ワンちゃんや猫ちゃんといった動物たち。

お友達や仲のよいご近所さん。

推しているアイドルや俳優、ミュージシャン。

お顔も知らないSNSのフォロワーさん。


誰しも心は、ときにホワイトに、ときにはブラックにもなり得ます。

もしいま、あなたの心（スピリット）がモヤモヤと晴れないのであれば……「好きな誰か」のことを強く思ってみてください。

きっとブラック化していた心が、キラキラとホワイトに輝き始めることでしょう。

そうやってスピリットが元気になっていく様子を見守ることが、私は何よりも大好きです。

2025年1月吉日
Rin

Rin《リン》

スピリットカウンセラー

世界遺産・厳島神社をのぞむ地で、国内外から舞い込む人生相談を日々解決に導いている。美容師時代にボランティアでお客さんの悩み相談を受けていたところ、驚くほど的中するため噂が一気に広まる。占い師としても活動を始め、原宿の母占いパークでも数ヶ月連続でNo.1に輝いたのち、カウンセラーとして独立。「公式ホームページなし、宣伝ゼロ、営業活動ゼロ、完全紹介制」にもかかわらず、あまりの人気で予約殺到。日本国内では北海道から沖縄まで、海外ではカナダ、ニュージーランド、ドバイ、オランダ、タイ、韓国などからも相談者が訪れる。2023年春頃、幼少期からの霊視体験を初めて公表。本書は「なぜ近年、私たちはこんなにも生きづらいのか」その仕組みと解決策を明かした一冊。

本の感想や著者へのご質問は
こちらの書籍公式LINEへ

※諸事情により、著者のカウンセリングは
現在新規受付を中止しております。